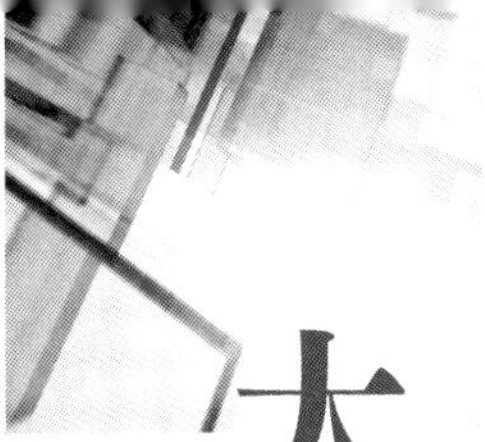

大学のイノベーション

経営学と企業改革から学んだこと

坂本和一 著

東信堂

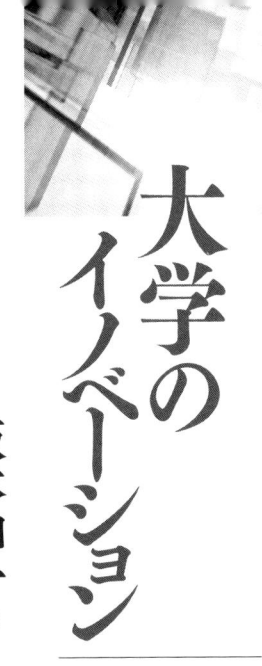

本書の趣旨

本書は、ひとりの大学教員が、自分の専門としてすすめてきた研究と、たまたま担うことになったさまざまな大学行政の仕事をどのように結びつけてきたのかを、いわば「自分史」風に綴ってみたものである。したがって、これは、半分は私の研究史であり、半分はこの間に担った私の大学行政経験史である。

私は機会に恵まれ、本務校である学校法人立命館と立命館大学で、都合一四年間ほど、さまざまな全学的な大学行政の役職を務めさせていただいた。一九八八年四月〜九〇年三月の教学部長をかわきりに、さらに一九九四年四月から二〇〇四年三月までの一一年間、学校法人立命館の副総長を務めた。この間とくに、一九九七年から七年間は立命館アジア太平洋大学（APU）の創設の仕事を担当することになった（一九九七年一月から二〇〇〇年三月までは学長予定者として、二〇〇〇年四月から四年間は学長として）。

ひとりの大学教員の生活として、教育研究の本来的な日常的営みと、大学行政の役職という組織の責任を担う仕事を長期に連続的に両立させることはかなり無理のあることで、とくに研究の方は事実上頓挫させざるをえないものであった。

このような状況のなかで、私にとって救いであったのは、私自身の研究上の関心が企業の組織や戦略といった具体的な企業経営の問題にあったことである。私はもともと経済学の出身であるが、一九七九～八〇年ごろアメリカ合衆国ハーバード大学とニューヨーク大学で留学生活を送ったのを契機に、研究の関心を企業経営の問題に大きくシフトさせた。

そこでたまたま大学行政の役職を担うようになったとき、これでしばらく研究は頓挫せざるをえないであろうが、しかし自分の専門は企業経営論なのだから、経営の分野は違うが、大学行政の務めから何か実践的な知見がえられるのではないかと考えた。また逆に、ささやかだが、自分の経営論の知識を大学行政の実践に生かせるのではないかとも考えた。こうして、一教員の行政役職を前向きに、また少々貪欲に受け止めた。

こうしてともかく副総長時代一一年が過ぎ、二〇〇四年三月定年を迎えた。最終盤、最大の難関であったAPU創設も、二〇〇〇年四月に予定通り開学を果たし、四年を経て、たくさんの留学生を含む第一期の卒業生が格別の歓迎を受けて立派に社会への船出を果たした。

私自身の研究活動との関係で今振り返ってみると、当初思い描いていた研究と大学行政との間の相互作用は、社会的に評価されるようなものはさしてないが、自分自身の心のなかでは、それなりに納得できるものがあったように思っている。本書は、いわばその報告書のようなものである。

本書のテーマは、『大学のイノベーション』を進めるうえで、私が経営学と企業改革から学んだこと」となっている。これだけをみると、一方的に大学行政の実践のなかで研究上の知識や成果が役立ったことだけを問題にしているようにみえる。しかし、イノベーションの実践のなかで自分がこれまでに身につけた経営学や企業改革の知識の有効さを見出そうとする営みは、実はむしろ経営学や企業改革についての私の理解を飛躍的に深めてくれるものとなった。その意味で、私にとって大学行政の実践と研究は大切な相互作用を果たしてくれることになったと、自信をもっていうことができる。

経営学や企業改革についての私の研究の特徴は、原理的、抽象的なものというよりは、むしろ個別的、具体的なものである。

経営学では、近代組織論の開祖といわれるチェスター・バーナードや、「マネジメント」概念の確立者といわれるピーター・ドラッカーの理論の研究に集中している。バーナードについては、主著『経営者の役割』に著された組織理論の要である「組織存続」の条件や「権限」の理論が関心の中心であった。ドラッカーについていえば、とくに「イノベーション」の理論に大いに興味をもった。

企業改革についていえば、合衆国を代表する企業、ＧＥ(General Electric Company)やＩＢＭ(International Business Machine Corporation)といった個別企業の企業改革の、とくに歴史研究に関わってきた。

これらの先駆的経営学者や企業改革の先駆企業のいわばケース・スタディーを通してえてきた知見が、私の関わった大学行政、大学のイノベーションのいろいろな局面で陽に陰に私に力を授けてくれたように思う。同時にそれは、私の経営学と企業改革についての認識と理解を飛躍的に深めてくれることになった。

本書は、このような私のこの間の研究と、大学行政経験との関わりを少し丁寧に辿ってみようとするものである。

本書でのべることについて、あらかじめ二つのことをお断りしておかなければならない。第一は、ここであきらかにする『大学のイノベーション』を進めるうえで、経営学と企業改革から学んだこと」はあくまでも私個人の経験であり、思いであるということである。関わった大学行政や大学のイノベーションは主として私の本務校立命館のものである。その成果の社会的評価は客観的に存在する。私自身はその過程に関わったものとして、その成果に満足し、大いに誇りをもつものである。しかし、本書であきらかにすることは、あくまでも一経営学としての私自身のまとめである。それは、責任ある組織主体としての立命館のものではないことを、あらかじめお断りしておかなければならない。

第二は、私が大学行政との関わりのなかでえた教訓は、必ずしも経営学や企業改革理論の世界で一般性をもちうる知見かどうかは定かではないということである。そのような学術的な検証が十分できているとはいえないことを自覚している。しかし、実践のなかでえた教訓を関わった本人の責任で記録しておくことは、それに幾分個人的な偏りがあったとしても、それぞれの分野の理論的な発展にとって意味のないことでもなかろう、というのが私の気持ちである。

本書の各章は、もともと、それぞれ独立の機会に公表したものをベースにしている。各章間で、いくらか説明が重複しているところがあるのはそのためである。しかし、その分、それぞれの章を独立で読んでいただいても、趣旨が理解いただけるようになっている。

本書の刊行については、大学改革関係の出版で定評のある株式会社東信堂にお世話になった。学術出版がなかなか厳しい状況にあるなかで、学術書といっても、幾分風変わりな、このような著作の出版の意義をご理解いただき、ご尽力いただきました東信堂社長下田勝司様には、心より厚くお礼申し上げます。

二〇〇七年二月

坂本和一

大学のイノベーション／目　次

大学のイノベーション

——経営学と企業改革から学んだこと

坂本和一

第I章

大学組織にいかにして「イノベーション体質」を根づかせるか

――P．F．ドラッカーの「イノベーション理論」から学ぶ――

1998年2月10日、カリフォルニア・クレアモントにドラッカーさんを訪問した際の記念写真

1　ドラッカーさんとの直接の出会い

経営学や社会文明評論で半世紀以上にわたり世界的名声の高かったピーター・F・ドラッカーさんが、二〇〇五年一一月一一日、九五年の生涯を閉じた。

ドラッカーさんには、その長年にわたって刊行された数多くの著作に触れた多くの方々と同じように、私も幾多のことを学んだが、私は、ドラッカーさんから、私自身が直接創設に関わった立命館アジア太平洋大学（APU。以下、単にAPUという）に対する熱烈な支援をいただいてきた経緯があって、格別の思いがある。

本章の主要な目的は、ドラッカーさんから学んだことの一つを私自身の実践的経験を交えて紹介することである。しかし、このような経緯があるので、最初にドラッカーさんからいただいたAPUへの支援について触れることから始めさせていただく。

ドラッカーさんについては、もとよりその数多くの著作を通して長年にわたり私も多くのことを学んできたが、一九九七年になるまで、よもや直接にお会いしてお願い事をすることになろうとは思いもかけなかった。

ドラッカーさんにお目にかかることになったきっかけは、一九九七年、当時私が責任者として推進していた、日本初の本格的な国際大学ＡＰＵ開設に関わり、世界的名声を有しておられるドラッカーさんに何らかの支援をお願いできないかと考えたのが始まりである。

このことを、当時経済団体連合会の広報センターにおられた、著名なドラッカー翻訳者・研究家の上田惇生さんにご相談したところ（上田さんはドラッガーさんの著作のほとんどの最新日本語訳を手がけておられる）、上田さんが早速ドラッカーさんに私を紹介され、一九九八年二月にカリフォルニア、クレアモントのドラッカーさんのご自宅を訪問することになった。

ドラッカーさんは、私たち立命館の計画している国際大学ＡＰＵの構想やその準備状況をひと通り聞くと、「この新大学設立の計画はすばらしいものだと思う」とのべられ、さらに計画に対してさまざまな質問や意見を矢継ぎ早に展開された。そして、

「これだけ国際化の必要性が叫ばれているのに、アメリカ人、日本人、その他のアジア人の相互に関する無知は恐るべきものがある。私の親しい日本の経営者の多くが、日本人のなかにも、他のアジアの国々の人々のなかにも、海外事業を任せることのできるマネジャーが少ないことを嘆いている」。

「相互理解を深めるには、二〇歳前後の若いときに、共に学ぶことがきわめて重要である。また将来、アジアにおける中産階級の増加と共に、生涯教育へのニーズも大きくなる。立命館アジア太平洋大学は日本で初めての〝外に向いた大学〟として評価できる」。

といった意見をのべられて、つぎのようなＡＰＵへのメッセージを認めてくださった。

「立命館アジア太平洋大学が成し遂げようとしていること、すなわち高等教育を通じてアジア太平洋地域を融合することは、世界の経済や社会にとってもっとも重要な仕事である。それによって、この地域の経済的成功を達成するための、人間的基盤が築かれる」。

別れ際、ドラッカーさんは、「自分はもう高齢で、日本へ出かけてなにか役に立つことをできるとは思わない、せいぜいこのメッセージで立命館アジア太平洋大学を応援したい。このメッセージをどのような形でもあなた方の役に立つように使ってください」とのべられ、励ましていただいた。

実際に私たちは、新参の大学の知名度を一気に世界化するために、このドラッカーさんからのメッセージを存分に使わせていただいた。わが国初の本格的な国際大学としてＡＰＵが順調に前進している今、私たちは、このドラッカーさんの心の広いご好意に改めて深く感謝している。

2　著作を通してのドラッカーさんとの三回の出会い

学問レベルでの著作を通じてのドラッカーさんとの出会いに帰ると、私自身には、時系列的に大きく分けてつぎのような三回の出会いがあったように思う。

第一　『新しい社会と新しい経営』（一九五〇年）
第二　『断絶の時代』（一九六八年）
第三　『イノベーションと起業家精神』（一九八五年）

(1)　『新しい社会と新しい経営』（一九五〇年）

私がドラッカーさんを意識した最初の著作は『新しい社会と新しい経営』である。同書の原著、*The New Society: The Anatomy of Industrial Order* が刊行されたのは一九五〇年のことであるが、その邦訳が出されたのは一九五七年のことである。しかし、私がこの著作に触れたのは、それから大分経ってからのことで、大学院に入って、これからいよいよ修士論文の構想を考えなければならない時期に入った一九六〇年代前半のことであった。

そのころドラッカーさんといえば『現代の経営』（一九五四年）というぐらい、同上書は有名で（邦訳は一九五六年）「経営学ブーム」の火つけ役になっており、私もそれを同時に手にしていた。しかし私自身は、こちらよりも『新しい社会と新しい経営』のほうにひかれた。それは、当時私が取りかかっていた論文のテーマと関わっていた。

当時私は、高度成長期における日本産業の変化の特徴を、産業発展の原点ともいうべき工場現場の実地調査を基礎に、生産システムのレベルから捉える作業に取りかかっていたが、このとき出会ったのがドラッカーさんの上掲書冒頭の、「大量生産の原理」が現下の世界に革命的影響を及ぼしつつあるという、「世界的な産業革命」論であった。

「現下の世界的な革命は、……『何々主義』といったものとは何の関係もない。それらの主義は現代社会の根本的な課題に対しては二義的な意義を持つに過ぎないものであって、ここで論じようとする『大量生産の原理』がもつ真に革命的な性格とは比すべくもないのである」という同上書の書き出しは、当時、戦後の技術革新を基礎にした重化学工業のコンビナートや自動車産業などの流れ作業生産の発展による画期的な大量生産システムの形成に関心を集中していた私にとっては、大いに励ましになる提言であった。

しかし同時に、当時の問題意識からすると、それによって引き起こされる社会関係のサイドの変化についてあまりにも楽観的過ぎるように思われた。

とにかく、かなり具体的で細密な工場現場の事実からの理論構築をめざしていたこのころの私には、ドラッカーさんの「大量生産の理論」は結局、「大量生産」についての基本的な意味づけを示す以上のものではなく、この時点ではドラッカーさんの理論そのものにそれ以上深入りすることにはならなかった。

戦後日本の高度経済成長期における生産システムの変容についての私自身の研究そのものについていえば、その成果は、一九七四年、『現代巨大企業の生産過程』(有斐閣)としてまとめられ、これが私の博士学位請求論文となった。

今日では、生産システムの研究は、トヨタ生産システムへの注目や、専門職養成におけるMOT(技術経営)教育への関心が高いこともあって、一種のブームの感さえある。しかし当時は、私のこのような研究はまったく異端の領域に属していたように思われる。

(2)『断絶の時代』(一九六八年)

二回目にドラッカーさんにひかれた著作は、『断絶の時代』である。邦訳が出た一九六九年のことである。同書は周知のように、①新技術・新産業の登場、②グローバル化時代の到来、③多元化時代の到来、④知識の時代の到来、という明快な切り口で、産業・技術、世界経済、社会・政治、労働、価値観といった社会の全側面にわたって、今や時代は「断絶の時代」を迎えていることを、どの論者にも先駆けて説いた名著である。そのなかで、ドラッカーさんはとくに、「知識社会の到来こそがもっとも重要な断絶である」ことを説いた。

当時私は大学院時代を通してすすめてきた戦後高度成長期の生産システム変容の実証研究から、二〇世紀の生産システムと前世紀、一九世紀の生産システムの間にある「断絶」的変化を理論化する作業をすすめており、それを博士学位請求論文に完成させる大詰めの段階を迎えていた。ちょうどその最中での『断絶の時代』との出会いは、私にとって正直にいってかなりショッキングなものであった。なぜなら、私自身はようやく一九世紀から二〇世紀への原理的変化を定式化できるところに到達しえたと論文完成にいささか自信ができてきていたところだったのに、ドラッカーさんの同上書は、いまや時代は、二〇世紀から二一世紀への「断絶の時代」に入っているという考えを全面的に展開していたからである。

これは、この段階になってもまだ一九世紀に対する二〇世紀のけじめをつけるために呻吟している自分にいささか焦りを感じさせるものであった。

『断絶の時代』は当時社会的に一種のはやり言葉になるくらい評判になったが、このような状況を横目にみながら、私自身は生産システムという限られた領域に集中して、そこでの一九世紀から二〇世紀への「断絶」をあきらかにする作業にひたすら集中することになった。この成果が、一九七四年、『現代巨大企業の生産過程』としてまとめられたことはすでにのべた通りである。ドラッカーさんの『断絶の時代』は私自身を直接に二〇世紀から二一世紀への「断絶」の世界へ誘い込むことにはならなかったが、それに先立つ仕事の完成を促迫したということでは、私自身の仕事に大いに刺激を与えてくれた。

私自身にとって生産システム革新における二〇世紀から二一世紀への「断絶」をあきらかにする作業にすすむことになる直接のきっかけとなったのは、村上泰亮氏の「転換する産業文明と二一世紀への展望――『技術パラダイム』論による一考察」と題する論文であった（『週刊エコノミスト』一九八三年四月五日号。のちに同氏『新中間層の時代』一九八四年、中央公論社、に収録）。同上論文は、「技術パラダイム」の転換という視点から、社会・経済システムの一九世紀→二〇世紀→二一世紀の間の転換、いわば「断絶」をあきらかにしようとしたものであった。

この論文は、当時一九世紀から二〇世紀への生産システム革新の転換をあきらかにする仕事に一応の区切りをつけたつもりの私に、さらに二〇世紀から二一世紀への転換にすすむことを急がせる直接の契機となった。

この新しい段階の生産システム革新についての私の考えは、一九九一年に刊行した『二一世紀システム――資本主義の新段階』（東洋経済新報社）で示すことができた。

しかしそれは、あくまでも生産システムという社会システムの基礎ではあるが限られた局面での「断絶」に触れたに止まっており、ドラッカーさんの問題とする社会システムの全面にわたるものからはまだ遠く隔たっている。ドラッカーさんのいう「断絶」論の世界に立ち入る課題は、私自身にはいまだはるか彼岸である。

(3)『イノベーションと起業家精神』(一九八五年)

三回目にドラッカーさんにひかれた著作は、一九八五年に(原著、邦訳ともに)刊行された『イノベーションと起業家精神』である。当時私は、研究上では合衆国留学から帰った後、合衆国大企業の動向に関心を転換して、とくにGMやFORD、IBMやGEなどの個別大企業の経営戦略史の研究を始めていたところだったので、ドラッカーさんがイノベーション論を本格的、体系的に展開したと思われた本書の登場は、私にとっても大きな関心事であった。

しかし私にとっては、本書は、日が経つに連れて、研究上のこともさることながら、大学行政という私の実践上の課題から、身近な意義をもつようになってきた。

私は、一九八八年、本務校立命館大学の教学部長という仕事を預かることになり、それ以後、二〇〇四年の定年の時まで、学校法人立命館の副総長や立命館アジア太平洋大学の学長など、大学の管理運営に関与することになった。この間一貫して私の課題は「大学改革」であり、「大学のイノベーション」であったので、ドラッカーさんのイノベーション論は、それまでのどの著作よりも、私にとって身近なものとならざるをえなかったのである。

「イノベーションの七つの源泉」論をはじめ、本書は、それまでになかったイノベーションの実践論として、これまで多くの人々から評価されている。数あるドラッカーさんの著作のなかでも広く愛読されている著作の一つであろう。

P. F. ドラッカー著『イノベーションと起業家精神』1985年、最新邦訳1997年、ダイヤモンド社

教育上、研究上、私も本書を多面的に活用させていただくことが多かった。しかし、私が本書から受けた影響の最大のものは、本書第一四章の表題でもある「社会的機関における起業家精神」であった。

一般に、政府機関や学校、各種慈善団体などの社会的機関の管理運営は、営利組織としての「企業とは異なる」という通念が働いてきた。それは、現状を積極的に改革することに対する強い抵抗として作用してきた。この二〇年の間、世界的に社会的機関の「民営化」が大きくすすんできたが、それでもこの通念は根強いものがある。何よりも、社会的機関内部の構成員に「企業とは異なる。企業のようなイノベーションは馴染まない」という意識がまだ強く残っている。教育の世界では、経営が民営である私立大学・私立学校でもこの点は変わらない。

二〇年前、大学行政に関与し始めたころは、今日にくらべると、そのような意識状況ははるかに強いものがあった。このような意識状況そのものを改革することなしには、組織、制度の改革は一歩もすすまなかった。

このような状況のなかにあって、「社会的機関も、企業と同じように、起業家としてイノベーションを行わなければならない。いや、むしろ企業以上に起業家的であることが必要である」というドラッカーさんのイノベーション論、とくに「社会的機関における起業家精神」論に出会ったことは、私自身を大きく勇気づけてくれるものであった。

ここでは、このドラッカーさんのイノベーション論、とくに「社会的機関における起業家精神」論について、もう少しくわしくフォローしておく。

(4)「社会的機関における起業家精神」について

ドラッカーさんは、「社会的機関も、企業と同じように、起業家としてイノベーションを行わなければならない。いや、むしろ企業以上に起業家的であることが必要である」とする一方で、「社会的機関がイノベーションを行うことは、最も官僚的な企業と比べてさえ、はるかに難しい」という。そして、それは、「既存の事業が、企業の場合よりも、さらに大きな障害となる」からであるという。

ドラッカーさんは、社会的機関が企業の場合よりも、既存の事業がイノベーションの障害となる理由として、三つの点を挙げている〔Drucker(1985)：邦訳(下)、五七～五八ページ〕。

(1)　第一に、「社会的機関は、成果ではなく予算にもとづいて活動する」組織であって、売上げのなかから代価が支払われる組織ではない、ということである。このような組織では、予算規模こそが組織成功の指標となるのであり、予算規模の縮小につながる組織活動の縮小、削減には大きな抵抗が生ずる。

(2)　第二に、「社会的機関は、非常に多くの利害関係者によって左右される」ということである。社会的機関には、企業の場合のように、自分たちがそこから支払いを受ける売上げというものがない。したがって、企業の場合には結局、消費者の満足が優先し、基本的にその関係の成功が他の関係者の満足を導くことになるが、社会的機関の場合には、そのような核になるものがなく、すべての関係者を満足させなければならない。どのような組織においても、新しいことの導入は利害関係者の論議を呼ぶが、それをすべての関係者の満足のいくようにすすめることはなかなか難しい。

(3)　第三に、これが実はもっとも重要な理由であるが、「つまるところ、社会的機関は善を行うために存在する」ということにある。このことは、「社会的機関は、自らの使命を道義的な絶対的存在とみなし、経済的な費用効果の対象とはみなさない」ことを意味する。したがって、社会的機関に対してイノベーションを推進し、何か別のことを行うよう要求するならば、それはその機関の存在理由、理念に対する攻撃として反撃を受けることになる。そしてこれが、社会的機関のイノベーションが、なぜ既存の機関から生まれ難いかを説明する最大の理由である、という。

それでは、社会的機関のイノベーションを可能にするためにはどのような起業家的経営管理の方法が必要であろうか。この点についてドラッカーさんは、四つの点を指摘する〔Ibid.：邦訳(下)、六二〜六六ページ〕。

(1) 第一に、「社会的機関は明確な目的をもたなければならない」。当該の機関は、なぜ存在しているのか、何をしようとしているのか、をあきらかにしなければならない。

(2) 第二に、「社会的機関は現実的な目標をもたなければならない」。つまり、社会的機関は本当に実現可能な、最終的に達成を明確に確認できる目標設定を必要としている、とドラッカーさんはいう。

(3) 第三に、「社会的機関は、いつになっても目標を達成できなければ、目標そのものが間違っていたか、あるいは少なくとも目標の定義の仕方が間違っていた可能性があることを認めなければならない」。ドラッカーさんは、目標は大義ではなく、費用効果に関わるものとして捉えられなければならない、という。

(4) 最後に、「社会的機関は、イノベーションの機会の追求を自らの活動に組み込まなければならない。変化を脅威としてではなく、機会として見るようにならなければならない」、とドラッカーさんはいう。

〔以上、ドラッカー『イノベーションと起業家精神』の邦訳は、ダイヤモンド社刊、同書最新訳(上田惇生訳)、一九九七年、による〕

3　私が関わった三つのイノベーション

一九八八年の教学部長就任に始まる私の立命館大学の管理運営との関わりのなかで、私は、その時点、その時点でさまざまなイノベーションの機会に直面した。その度に、ドラッカーさんのイノベーション論が頭に浮かんだ。とくに「変化をもって脅威とするのではなく、機会と考えよ」というドラッカーさんの言葉は、私にとっても大きな励ましになった。

この言葉は、すでに広く人口に膾炙《かいしゃ》し、実践的な経営学教育の場でも、よく使われる教訓である。しかし、実際に、これを実践することは、相当な勇気と決断と努力が要る。私は、ささやかながら十数年の実践のなかでそのことを学んだ。

一九八八年以来立命館大学での管理運営のなかで関わることになったさまざまなイノベーションのなかで、とりわけつぎの三つが私にとって抜群のインパクトをもった。

第一　一九九三年、「大学コンソーシアム京都」の前身、「京都・大学センター」設立

大学の管理運営の仕事のなかで関わった最初の大きなイノベーションは、現在の「大学コンソーシアム京都」の前身である、「京都・大学センター」設立への関わりである。私は、この「京都・大学センター」設立の基礎となった京都市の「大学のまち・京都21プラン」策定作業に参加し、一九九三年七月スタートした「京都・大学センター設立推進会議」、さらに翌九四年四月に正式発足した「京都・大学センター」の運営委員会の一員として、その立ち上げ期の活動に関わった。

第二　一九九八年、経済・経営二学部のびわこくさつキャンパス（ＢＫＣ）移転と、ＢＫＣ新展開

私が関わった第二の大きなイノベーションは、立命館大学における経済・経営二学部のＢＫＣ移転（一九九八年四月実現）と、ＢＫＣにおける新しい教学システムの展開である。立命館大学でこの新事業の課題がもちあがったのは一九九四年度開始早々のことであったが、それはちょうど私が副総長に就任したところであり、この事業の教学現場での指揮は私の肩にかかってきた。この事業は、一九九四年四月、すでに理工学部が移転、規模拡充を果たしていたＢＫＣに、さらに経済・経営二学部を移転し、両学部の教学諸条件の抜本的改善と同時に、新キャンパスＢＫＣ全体としての高度化、いわゆる「ＢＫＣ新展開」を図ったものである。

第三　二〇〇〇年、「立命館アジア太平洋大学（APU）」創設

私が関わった第三の大きなイノベーションは、学校法人立命館が九州、大分県別府市ですすめたAPUの創設（二〇〇〇年四月）である。いろいろ関わったイノベーションのなかでも、私にとってもっとも刺激の大きかったのは、この取組みであった。この事業がもちあがったのも一九九四年四月のことである。私は当時副総長としてこの事業に最初から関与し、一九九七年度からは学長予定者として準備現場の実際を指揮する責任を負った。さらに二〇〇〇年四月開学から完成までに四年間、初代学長を務めることになった。一九九四年四月、私自身が副総長に就任したこの時期は、先に紹介した経済・経営二学部のBKC移転と、このAPUの創設という二大事業が同時に浮上するという、立命館学園の歴史上まれにみる意義深い時期であった。

4　わが国初の大型地域大学コンソーシアム「京都・大学センター」(「大学コンソーシアム京都」の前身)の設立

(1)　イノベーションとしての意義

京都・大学センターは、一九九三年七月からの半年ほどの設立準備段階を経て、一九九四年四月、わが国ではそれまで例をみなかった大型の地域大学コンソーシアムとして設立された。この大学コンソーシアムは、出発時点で、すでに京都市およびその周辺に立地する三三の私立大学・短期大学、四つの公立大学という、当時京都に立地した大方の大学を網羅する、画期的な大学間連携組織となった。出発時には参加を躊躇した若干の大学もその後順次参加がすすみ、現在では、その設置形態を問わず、京都市およびその周辺に立地するすべての大学・短期大学(以下、あわせて大学という)、四九校が参加している(二〇〇六年末)。

大学コンソーシアム京都は、現在は、教育、研究企画、リエゾン、学生交流などの多様な分野の事業を展開しているが、その出発にあたっての象徴的な取組みは、大学間の「単位互換制度」の確立であった(現在は教育事業に含まれている)。それは出発時(一九九四年度)でも参加大学二八大学・五一科目、受講登録者延べ一、八〇〇名に及ぶ、かつてわが国の大学間では例をみない大型のものであり、現在ではそれが発展して、四六大学・五五二科目、受講登録者一万名に及ぶ大規模なものに展開している。それは、数ある事業のなかで、現在でも大学コンソーシアム京都の存在を象徴する事業である。最近では、大学改革の一環として、この大学コンソーシアム京都の成功例に刺激されてあちこちの地域で単位互換制度の導入がみられる。しかし、このような大規模な地域大学間の単位互換制度は、いまだ全国的にみても他の追随を許さないものがある。

京都には戦前からわが国を代表するいくつもの大学が立地し、市民は自分たちのまちを「大学のまち、学生のまち」と自負してきた。しかし、個別大学を超えて、それを象徴するものは何もなかった。このような状況のなかで、地域の大学と自治体・京都市が協力して構築した大学コンソーシアム京都と単位互換制度は、まさに「大学のまち、学生のまち」にそれを象徴する組織を創り上げることになったのであり、まさに「京都のまちそのものを大学に」する効果をもたらすことになった。そしてそれはまた、大学間競争が厳しさをます時代に、個別大学の利害を超えた、新しいタイプの大学のイノベーションの形を世に提起した。

(2)　設立の経緯

「大学のまち・京都21プラン」の策定

このような大学コンソーシアム設立の発想が生まれたのは、一九九二年のことである。それは、二筋の脈絡から浮上することになった。一つは行政、京都市サイドの動きである。当時京都市当局は、新たな都市活性化の切り札として、「大学のまち、学生のまち」といわれてきた、全国的にもユニークな京都市域およびその周辺における大学の集積に着目し、その活力を活用しようと考え、大学への新しい支援のあり方を模索しつつあった。

他方、大学サイドでは、当時をピークとして一八歳人口の減少期に入り、二〇世紀初頭には大学存立にとって厳しい環境を迎えることが確実に見越されるなかで、京都に存立する大学は個別大学として個性化に努力するだけではなく、大学が集積する京都の地域特性を生かした、京都独特の大学教育環境の創造ができないかを模索し始めつつあった。

これらの、行政サイドと大学サイドの思いがタイミングよく結合したところに浮上したのが「京都・大学センター」の構想であった。

その具体的な出発点となったのは、一九九二年秋、京都市当局が主導した「大学のまち・京都21プラン」策定の取組みであった(策定委員会の委員長は元京都大学学長西島安則氏。一九九三年三月答申)。

当時私は、一九八八年から三年間務めた教学部長の仕事を終えてほっとしていたところであったが、京都市からの依頼で、思いがけずこのプラン作りの作業に加わることになった。

この作業の京都市サイドの責任者は当時京都市企画調整局長の内田俊一氏(後に京都市助役。現在は内閣府事務次官)であったが、同氏の本プランにかける思いは格別に強いものがあり、その下で私たち作業委員会も相当思い切った論議をし、プランをまとめることができた。その目玉が、「京都・大学センター」設立の構想であった。

このようなプラン作りは、一般的にその段階ではたいへん立派なものでも、それが行政レベルに上がると、何よりも予算上の都合などで、なかなか実質化しないのが通例である。

この点で、本プランの各種提言の特徴は、行政当局がもっぱら責任をもつものもあるが、大学サイドと行政サイドが協力して実現をめざすもの、大学サイド独自の課題とするものと、課題別に責任主体を整理したことである。そして、「京都・大学センター」設立の課題は、大学サイドと行政サイドの協力によって実現をめざすべきものとされた。

大学学長有志グループと高等教育研究会の果たした役割

しかし、「京都・大学センター」設立の課題がこのように位置づけられたことは、逆に大学サイドにはかなり大きな主体的責任が生じることであった。大学サイドには、これまでの通例のように、行政サイドにさまざまな要求を提示してその実現を求めるようなタイプの取組みとは、違った取組みのスタンスが求められることになる。大学サイドにも、その成否について当事者責任が生ずることになるのである。

このようなタイプの取組みを成功させるには、行政サイドと同時に、大学サイドの姿勢を確立しなければならなかったが、幸いなことに、大学サイドにも、これから迎える大学の厳しい時代に備えて、「大学のまち、学生のまち」といわれる京都の有利な環境を生かした、何か新しい共同の取組みが必要ではないか、という積極的な動きが芽生えていた。当時そのような動きは、大学の管理運営に責任をもつ学長・理事長サイドにもあったし、また大学教職員サイドの任意の研究会レベルでも始まっていた。

学長サイドでは、当初とくに私立七大学の学長グループが果たした大学サイドでのリーダーシップが大きかった。同志社大学、立命館大学、龍谷大学、佛教大学、大谷大学、京都女子大学、池坊短期大学の、七大学の学長が気持ちを一致させて、「大学のまち、学生のまち」京都活性化の音頭をとった。

一般大学教職員サイドの動きとしては、高等教育研究会がその拠点としての役割を果たした。

私は幸い、そのような動きの双方に直接に触れる立場にあったので、京都市の上記の作業委員会では、自信をもって「京都・大学センター」構想とそのすすめ方を提議することができた。

できあがった「大学のまち・京都21プラン」は行政サイドでも大学サイドでも積極的に受け止められた。とくに「京都・大学センター」設立構想は最優先で取組みを開始しようということになり、一九九三年七月、設立準備のための設立推進会議がスタートすることになった。この設立推進会議の事務局機能を果たすものとして運営委員会が設けられ、推進の核となる数大学からそれぞれ委員を出すことになり、立命館大学からは私が入ることになった。この運営委員会は「京都・大学センター」の正式発足後もそのまま引き継がれた。

委員長には、同志社大学の前川恭一教授が座った。前川教授と私は古くからの研究上の付き合いがあったので、委員会運営の意思疎通は実にスムーズにいき、同志社と立命館という風土の異なる大学間の意見調整も順調にすすめることができた（なお、前川教授は、残念にも一九九七年故人となられた）。

この運営委員会の運営に絶大な役割を果たしたのは、京都の大学教職員の任意の研究組織である高等教育研究会から事務局に参加された森島朋三氏であった。森島氏は「京都・大学センター」が一九九八年、「大学コンソーシアム京都」に発展した後も事務局の責任者として活躍された。今日の大学コンソーシアム京都の隆盛は、紛れもなく同氏の卓抜したセンスと努力に負うところが大きかった（森島氏は、現在、学校法人立命館常務理事・総務部長）。

「財団法人大学コンソーシアム京都」の設立と共同利用施設の建設

「京都・大学センター」は発足時から、自立した社会組織として活動条件を確立するために、その法人化が課題となっていた。しかし、この課題は、センターとしての資金計画の見通しもあり、主務官庁である文部省との折衝に相当な時間を要した。結局、約三年にわたる主管官庁との折衝を経て、一九九八年三月、四四の大学・短期大学の参加の下に、「京都地域を中心に、大学と地域社会および産業界との連携、大学相互の結びつきを深める役割を担い、これらの連携による調査・研究開発、情報提供、交流促進等を行い、もって我が国の高等教育の改善、発展に寄与することを目的とする」「財団法人大学コンソーシアム京都」が発足することになった。

二〇〇六年現在、「大学コンソーシアム京都」には、四九の大学・短期大学と四つの経済産業団体および京都市、京都府が参加し、わが国の大学コンソーシアム事業をリードする存在として活動している。

一九九二年に策定された「大学のまち・京都21プラン」のなかで、その執筆に関与した私自身、一番実現が不安だったのは、大学共同利用施設の建設であった。同プランに盛られた各種の計画は概ね実現に自信があったが、当初七〇億円とも想定された共同利用施設の実現だけは、大丈夫だろうかと案じた。

この施設は、一九九八年から京都駅前で建設が始まり、設置者である京都市が約一〇〇億円の総事業費をかけて、二〇〇〇年九月に完成し、「キャンパスプラザ京都」としてオープンする運びとなった。一九九二年のプラン策定に関わったものとしては、共同利用施設の実現が同プラン実現の、いわばウイニング・ショットのような思いがあったので、「キャンパスプラザ京都」オープンの報を聞いたときは、本当にうれしかった。

大学コンソーシアム京都『設立10周年記念誌』2004年

〔以上、「大学コンソーシアム京都」の設立に関しては、京都市(一九九三)、財団法人大学コンソーシアム京都(二〇〇四)を参照。〕

5　「文理融合キャンパス」の構築をめざして

――経済・経営二学部のびわこくさつキャンパス（ＢＫＣ）移転と、ＢＫＣ新展開

(1)　イノベーションとしての意義

この事業は、一九九四年四月、すでに理工学部が移転、規模拡充を果たしていたＢＫＣに、さらに経済・経営二学部を移転し、両学部の教学諸条件の抜本的改善と同時に、新キャンパスＢＫＣ全体としての高度化、いわゆる「ＢＫＣ新展開」を図ったものである。

ＢＫＣへの経済・経営二学部の移転は、一九九八年四月、予定通り実現することになった。その経過については後段でのべるが、結論的にいえば、この事業は、社会的にみてもこの間まれに見る大規模な新キャンパス造りの第二段階であったと同時に、より本質的には、新しい時代の要請に応える「文理融合」型人材養成の拠点造りをめざすものであった。ここにこそ、経済・経営二学部がイノベーションと呼ばれるべき意義があった。この事業を単なる学部移転といわず、あえてこれを私たちが「ＢＫＣ新展開」と呼んだ理由はそこにあった。

私たちは、経済・経営二学部移転をテコとして、ＢＫＣを日本を代表する「文理融合キャンパス」、いわば「日本のＭＩＴ（マサチューセッツ工科大学）」をめざそうと考えた。そして、それを象徴するもの

が「文理総合インスティチュート」であった。

「文理総合インスティチュート」は現在、学生定員（一学年）五三〇名の、経済・経営二学部と理工学部にまたがる学部横断型教学システムである。近年、あちこちの大学でこのような学部横断型教学システムの試みがみられるようになったが、これほど大規模な、本格的な文理融合の教学システムは、いまだ全国的にも例をみないものである。また、近年みられる学部横断型教学システムの試みは、この私たちのＢＫＣでの試みに刺激されたものが多い。

「文理総合インスティチュート」パンフレット

しかし、ＢＫＣの「文理総合インスティチュート」は、本来求められている文理融合の教学システムとして、まだまだ途上である。また、ＢＫＣ全体のあり様も、ＭＩＴに重ねた文理融合キャンパスの構築からすれば、まだまだ未熟である。これから、私たち関係者の一層の努力が求められている。

(2) 展開の経緯

BKC学部移転第二段階

BKC新展開の本質は以上のようなところにあったが、実際にはまずその前提となる社会・人文系学部の物理的な移転事業を実現しなければならなかった。

BKC自身は、一九九四年に理工学部の拡充移転によってスタートしたが、一方の衣笠キャンパスでは、社会・人文系五学部の規模拡充がすすむなかで、理工学部移転にもかかわらず、キャンパスの物理的条件の制約が厳しさを増し、これが教学の質の高度化の大きな足かせになりつつあるという認識が全学に共通になってきていた。このような認識の上に、社会・人文系分野全体の教学条件の高度化のために、衣笠からBKCへの学部移転第二段階を推進する必要があるのではないかという考えが、一九九四年BKCの開設直後に浮上した。一九九四年副総長に就任した私は、早速この課題に直面することになった。

「文理融合キャンパス」の構築と経済・経営二学部移転

この事業は、一面では、すでに整備され、理工学部が定着している新キャンパスへの移転であり、まったく白紙の場所への移転ではないという安心感があった。しかし、すでに理工学部が移転をはたしているとはいえ、難航が予想された。

学部移転第二段階が必要であるという総論は、だれも反対するものがなかった。しかし、現実にどの学部が移転に応ずるかという各論になると、どの学部も手を挙げなかった。いくつかの学部が移転対象に擬せられたが、教授会の論議はまとまらなかった。どの学部にしても、いざ自分が移転するかということになると躊躇するのは、考えてみれば当然のことであった。最大の問題は、やはり長年住み慣れた京都の地を離れることへの心理的抵抗であった。

理工学部の場合には、何といっても新時代、二一世紀を展望した際の、衣笠キャンパスの絶対的な物理的制約という状況のもとで、新キャンパスでの大幅規模拡大、抜本的な施設設備条件の改善が移転の最大の根拠となった。しかし、社会・人文系学部の場合には、施設設備条件の改善と同時に、移転のためのより大きな課題、使命が求められた。

そのとき、私たちが思い当たったのは、この社会・人文系学部の移転という事業を機会に、すでに理工学部移転によってスタートしているBKC全体をどのような特色あるキャンパスに展開していくかという課題であった。社会・人文系学部の移転をそのことだけで考えるのではなく、むしろBKC全体をどのようなものに構築するか、そのなかで社会・人文系学部がどのような新しい役割を果たすか、そしてそのためにはどのような施設設備条件の抜本改善も必要となるのか、というところから考えてみた。そこから浮かんできたのが、BKCを、合衆国のMITにも伍する、大型の、本格的な「文理融合キャンパス」にする、という発想であった。

このような発想をもったことは、具体的に移転対象学部を特定する作業を前進させる上でも、大きな力になった。

このような発想の上に、常任理事会は、具体的に経済・経営二学部を移転対象に挙げ、まず当該学部教授会の決断を要請した。それは、一九九五年の年明けのことであった。私たちはＢＫＣで理工学部と経済・経営二学部を結合することを、合衆国ＭＩＴのキャンパス状況と重ね合わせた。

経済・経営二学部の教授会決議、学生との協議

提起当初は、経済・経営二学部にも大きな戸惑いがあった。しかし、当時の両学部の学部長の強力なリーダーシップもあり、両学部教授会は二カ月足らずの集中した論議でＢＫＣ移転を受入れる旨の結論に到達し、三月末と四月当初の両学部の教授会で移転を決議した。

当時、大学のキャンパス移転が学内紛争の芽となるケースもみられた。社会一般の状況からすれば、キャンパス移転という課題は大学にとってきわめて重たい課題であり、その解決に多大の困難、エネルギーを伴う事業であった。

理工学部移転の際もそうであったが、今回の経済・経営二学部の移転も当該学部教授会は、理事会からの提起に対して、きわめて短時間のうちに、前向きの結論を導いた。これは、この学部移転という大事業に対する全学の結集と支援を引き出す点でも大きな効果があった。

一九九五年三〜四月の経済・経営二学部教授会のＢＫＣ移転決議は、一九八九年九月の理工学部教授会の移転決議と合わせて、その迅速性において、立命館大学の歴史に残る決議であった。このこと

は、一つの重要な教訓として記憶にとどめられなければならないであろう。

経済・経営二学部教授会の決議を受け、つぎに大きな課題となったのは、学生への説明とその理解であった。キャンパス移転は教授会サイド以上に、学生サイドで紛糾するのが通例であった。キャンパス移転は、学生にとってその生活条件の大幅な変更を伴うものだからである。

とくに立命館大学でのこのキャンパス移転は、移転年度新入生からということではなく、現在の学生も含めてのものであった。しかも対象となる現在学生(当時の一回生)は入学の際、キャンパス移転についてまったく予告されていなかった(なぜなら、キャンパス移転の問題は、当該回生の学生が入学してから生起したからである)。そのような事情もあり、キャンパス移転は「約束違反」だというものも出る雰囲気であった。

結論からいえば、このキャンパス移転が内包する難問は、当時の学生自治組織の的確な課題理解と状況判断、学生掌握力によって、これも短期間のうちに解決された。

学生自治組織は、対象学生の生活条件にもたらす影響の重さを強調しつつも、このようなキャンパス移転をテコとして経済・経営二学部の学生の教学・課外活動条件の大幅な改善を新天地ＢＫＣで実現しよう(大学に実現させよう)という主張を展開した。彼らは大学サイドのキャンパス移転方針に対して、通常よくみられるような、「絶対反対・白紙撤回」などということを叫ばなかった。これによって、経済・経営二学部のキャンパス移転計画は具体化に向けて大きく前進することになった。

それにしても、一九九五年の学生との協議は、私自身にとっては格別に思い出深いものがある。今もBKCに立つと、あの時学生たちが移転に対して、他でよく見られたように、「絶対反対・白紙撤回」などと叫んでいたら、今みるこのすばらしいキャンパスはどうなっていただろうか、とふと思うことがある。

経済・経営二学部のBKC移転は、一九九八年四月、予定通り実現した。このとき、私自身は、もうこの移転事業から離れて、並行してすすめてきたAPU創設事業に仕事の軸足を移していたが、経済・経営二学部のBKC移転事業は、私にとってかけがえのない経験をもたらしてくれた。

〔以上、立命館大学のBKC開設や新展開については、中村清(二〇〇一)を参照〕

6　わが国初の本格的国際大学・APUの創設

(1) イノベーションとしての意義

私が関わった第三の大きなイノベーションは、学校法人立命館が二〇〇〇年四月、九州、大分県別府市で実現したAPUの創設である。いろいろ関わったイノベーションのなかでも、私にとってもっとも刺激の大きかったのは、この取組みであった。

この事業がもちあがったのも一九九四年四月のことである。私は当時副総長としてこの事業に最初から関与し、一九九七年度からは学長予定者として準備現場の実際を指揮する責任を負った。さらに二〇〇〇年四月開学から完成までの四年間、初代学長を務めた。

一九九四年四月、私自身が副総長に就任したこの時期は、先に紹介した経済・経営二学部のBKC移転と、このAPUの創設という二大事業が同時に浮上した、立命館学園の歴史上稀にみる意義深い時期であった。

APUは、一九九四年四月に話がもちあがってから丸六年間の準備期間を要して、二〇〇〇年四月に開学した。このＡＰＵ創設がもったイノベーションとしての意義は、何といってもまず第一は、これがわが国でかつて試みられたことのなかった、本格的な国際大学創りだったことである。

ＡＰＵはその設立構想の最初の段階から、「学生の半数(五〇％)を外国からの国際学生」(ＡＰＵでは留学生を通常、「国際学生」といい慣わしているので、以下本書では、留学生のことを国際学生という)で受入れ、わが国にアジア太平洋地域を中心に世界中から若者が集まる国際的な高等教育の拠点を構築する。同時に、これによって実現される多国籍・多文化の教育環境のなかで、日本人学生に対する本格的な国際化教育を推進していくことをめざしたものであった。

しかも学生規模は、一学年定員八〇〇名という、当時も、また現在でみても、破格の大きな規模の大学創設であった。したがって、国際学生規模も一学年四〇〇名、四年間で一、六〇〇名という、想像を超える計画であった(現在は、一学年六五〇名に増員している)。

さらに、このような受入れ学生の抜本的な国際化に対応すべく、キャンパスでの教育言語も、日本語と英語の二本立てとし、とくに英語による一貫した教育システムを導入した。また教育を担う教員も、半数は英語を使用言語とする外国人で構成することとした。今日でもわが国のほとんどの大学が教育言語を日本語としているなかで(一部分を英語化しているところは増えてはいるが、大学・学部の教育カリキュラムを全面的、体系的に英語化しているところは、今日でも稀である)、ＡＰＵの試みは画期的なものであった。

こうしてＡＰＵは、わが国で初めての本格的な国際大学であり、わが国の高等教育史上の画期的な国際化イノベーションを自負できるものであった。

ＡＰＵ創設のもう一つの大きなイノベーションは、わが国の国際学生受入れのモデル転換、モデル革新を実現したことである。

周知のように、現在（二〇〇六年五月現在）、わが国が受け入れている外国からの国際学生は一一万七、九二七名であるが（二〇〇五年五月現在では一二万一、八一二名だったので、三・二％減少した）、その八〇・一％は中国、韓国、台湾からの学生であり、東北アジアの三つの国・地域からの学生が圧倒的なウエイトを占めている（そのうち、さらに中国からが六三・〇％を占める）。

ＡＰＵパンフレット

しかし、ＡＰＵの状況をみてみると、これら三つの国・地域からの学生の占めるウエイトは四七・八％に止まっており、あとの約半数は世界中の七〇近くの国・地域からやってきている。具体的な状況は**表Ⅰ―1**の通りである。

東大などいくつかの国立大学法人のように、主として大学院レベルで豊かな国費支援を受けている場合には確かに受入れ国・地域の拡がりはみられるが、それでも東大を別にすれば、その受入れ地域の多様化はＡＰＵに及ばない。

国費支援を得られない私学の、しかも学部レベ

38	U.S.A.	アメリカ合衆国	27	7	34
39	Canada	カナダ	7	4	11
40	Mexico	メキシコ	2	2	4
41	Bolivia	ボリビア	2	0	2
42	Costa Rica	コスタリカ	1	1	2
43	Argentina	アルゼンチン	1	0	1
44	Brazil	ブラジル	1	0	1
45	Peru	ペルー	0	1	1
46	Trinidad and Tobago	トリニダードトバゴ	0	1	1
47	Venezuela	ベネズエラ	0	1	1
		小計／Subtotal	41	17	58
48	Australia	オーストラリア	7	2	9
49	Papua New Guinea	パプアニューギニア	2	3	5
50	Samoa	サモア	0	3	3
51	Tonga	トンガ	1	2	3
52	New Zealand	ニュージーランド	1	0	1
		小計／Subtotal	11	10	21
53	Uzbekistan	ウズベキスタン	18	0	18
54	Bulgaria	ブルガリア	8	1	9
55	Germany	ドイツ	3	5	8
56	Estonia	エストニア	7	0	7
57	Sweden	スウェーデン	5	2	7
58	Lithuania	リトアニア	5	0	5
59	Hungary	ハンガリー	3	1	4
60	Romania	ルーマニア	4	0	4
61	Finland	フィンランド	2	0	2
62	Norway	ノルウェー	2	0	2
63	Slovakia	スロバキア	0	2	2
64	Switzerland	スイス	2	0	2
65	United Kingdom	イギリス	1	1	2
66	Czech Republic	チェコ	0	1	1
67	Denmark	デンマーク	0	1	1
68	France	フランス	1	0	1
69	Italy	イタリア	1	0	1
70	Latvia	ラトビア	1	0	1
71	Poland	ポーランド	1	0	1
72	Russian Federation	ロシア連邦	0	1	1
73	Serbia	セルビア	0	1	1
74	Ukraine	ウクライナ	1	0	1
		小計／Subtotal	65	16	81
		国際学生(留学生)合計／Total	1,942	218	2,160
		国内学生／Domestic Students	2,758	18	2,776
		APU学生総計／Grand Total	4,700	236	4,936

（注）国際学生とは、在留資格が「留学」である学生をいう。国内学生には、在留資格が「留学」ではない在日外国人を含む。

表Ｉ－１　ＡＰＵ 国・地域別の学生数(2006年9月21日付)

	Country or Region	国・地域	学部学生数／Number of Undergraduate Students	大学院学生数／Number of Postgraduate Students	学部・大学院合計数／Undergraduate & Postgraduate Total
1	Korea	韓国	523	1	524
2	China	中国	339	49	388
3	Thailand	タイ	186	5	191
4	Vietnam	ベトナム	131	20	151
5	Mongolia	モンゴル	137	6	143
6	Indonesia	インドネシア	127	11	138
7	Taiwan	台湾	110	10	120
8	Sri Lanka	スリランカ	50	3	53
9	India	インド	37	7	44
10	Myanmar	ミャンマー	32	5	37
11	Bangladesh	バングラデシュ	23	8	31
12	Malaysia	マレーシア	15	15	30
13	Nepal	ネパール	28	1	29
14	Philippines	フィリピン	10	5	15
15	Pakistan	パキスタン	10	0	10
16	Laos	ラオス	0	9	9
17	Singapore	シンガポール	3	2	5
18	Cambodia	カンボジア	0	4	4
		小計／Subtotal	1761	161	1,922
19	Bahrain	バーレーン	1	0	1
20	Iran	イラン	0	1	1
21	Oman	オマーン	1	0	1
22	Syria	シリア	1	0	1
23	Turkey	トルコ	0	1	1
		小計／Subtotal	3	2	5
24	Kenya	ケニア	19	3	22
25	Nigeria	ナイジェリア	9	3	12
26	Ghana	ガーナ	11	0	11
27	Uganda	ウガンダ	6	2	8
28	Mali	マリ	5	0	5
29	Cameroon	カメルーン	4	0	4
30	Ethiopia	エチオピア	2	0	2
31	Tanzania	タンザニア	1	1	2
32	Zambia	ザンビア	1	1	2
33	Benin	ベナン	0	1	1
34	Comoros	コモロ	1	0	1
35	Cote d'Ivoire	コートジボアール	1	0	1
36	Egypt	エジプト	1	0	1
37	South Africa	南アフリカ	0	1	1
		小計／Subtotal	61	12	73

ルで、このような国際学生受入れのグローバルな多様化は、あきらかにわが国の国際学生受入れモデルの大きな革新であったといってよいであろう。

　それでは、このようなＡＰＵの国際学生受入れモデルの転換はどのようにして実現したのであろうか。

　結論的にいえば、それは二つの国際学生受入れシステムのイノベーションに支えられている。第一は、先に触れたように、ＡＰＵでは教育上の使用言語の仕組みを革新して、日本語と並行して、英語による全面的、体系的教育システムを導入しており、これによって日本語能力が入学の前提とはなっていないことである。このことは、ＡＰＵへの入学においては、日本語の壁が完全に取り払われており、事前に日本語ができなくても、英語能力があれば入学を可能にしている。これが、ＡＰＵでは世界中から受験生のアクセスがあり、実際に世界中から学生が入学してきている第一の背景である。

　しかし、理屈はそうであっても、実際に入学してきてくれるかどうか、とくに私たちが望むような優秀な学生がきてくれるかどうかということになると、現実はそう簡単なものではない。国外への国際学生の最大の送り出し地域であるアジア太平洋地域の多くの若者たちは、留学先としてまず第一に合衆国、カナダや欧州諸国、近くではオーストラリアなどを念頭においており、決して日本を第一においているわけではないという、厳しい現実がある。

　そのような状況のなかで、いかにしてアジア太平洋地域の若者や学校関係者の信頼を得、日本の大学に目を向けてもらうかという課題がある。これらの若者たちに日本への留学を視野においてもらうためには、日本語能力をはじめから前提とせず、まず英語での教育の条件整備を提示することが前提となるが、その上で、日本の大学としての知名度、信頼性を確立することが不可欠である。

さらにその際、優秀な学生であればあるほど、彼らは合衆国、カナダや欧州諸国の有力大学から豊かな奨学金を確保する力をもっていることを知っておくべきである。したがって、そのような学生を日本の大学に迎えようとすれば、それに対抗できる条件を提示する必要がある。これは、手持ち資金のあまり豊かでない日本の私立大学にはなかなかたいへんなことである。

これらの課題を克服するために、ＡＰＵは、アジア太平洋地域を中心に全世界にわたり学生推薦のルートを確保する努力を重ねた。また奨学金ファンドの構築のために、さまざまな工夫を凝らした。この点では、とくに日本経済界のトップリーダーの方々の前例のない積極的支援が大きな力となっている(この点については、後段でもう少し具体的に触れる)。

このような学生確保のための、いわばミクロな工夫の蓄積が、現在ＡＰＵに世界中からたくさんの国際学生が入学してきているもう一つの現実的な背景である。

こうして、ＡＰＵ創設は、学生の構成からみても、教育システムからみても、キャンパス環境からみても、紛れもなくわが国初の本格的な国際大学の構築であった。さらに、そのような教育環境整備の中核となる国際学生受入れについて、これまでわが国の大学が常識としてきたモデルを大幅に転換、革新するものであった。これらのことからみて、このＡＰＵ創設は、わが国の高等教育史上における画期的なイノベーションであったと自負することを許されるのではないかと考える。

(2)　創設の経緯

ＡＰＵ創設は、一九九四年から開学二〇〇〇年まで、六年間の準備期間を要した。この間の経緯については、課題が多方面にわたっており、ここで説明するには、紙数の制約が大きい。この点については、また別の機会が必要である（さしあたり、拙稿「立命館アジア太平洋大学（ＡＰＵ）の創設を振り返って――開設準備期を中心に」『立命館百年史紀要』第一四号、二〇〇六年三月を参照）。

ここでは、ＡＰＵ創設に関わって、いまでも外部から関心をもって質問される、以下の五つの課題の経緯について、かんたんに触れておく。

第一　立命館の本来の拠点が京都なのに、ＡＰＵはなぜ九州、大分県の別府にできたのか。

第二　ＡＰＵを特徴づける、「学生の半数（五〇％）を外国からの国際学生で構成する」というコンセプトは、どうして生まれたのか。

第三　大学の規模を決める一学年の学生定員で、ＡＰＵの場合どうして八〇〇名という大きな規模が、当時学生定員の抑制下で設定されたのか。

第四　いかにして毎年四〇〇名という大きな規模の国際学生受入れが可能となったのか。

第五　優秀な国際学生を迎えるのに現実に必要とされる奨学金ファンドは、いかにして用意されたのか。

APUはなぜ九州、大分県の別府にできたのか

これは、きわめて単純、明快な問題である。地方自治体大分県から大学誘致があり、大分県および別府市との大型の公私協力が得られたからである。具体的に、別府市が土地を無償提供し、大分県が施設設備に対する大幅支援を行うという協力関係が成立したことが、その最大の背景である。

もとより、私たち立命館側を動かしたのは、単なる財政的な条件の問題だけではない。一九九四年当時立命館は、BKC開設、理工学部拡充移転、政策科学部開設を果たし、二一世紀を迎えるまでにさらにもう一つ新たな大学教学の展開、とくに国際化の展開を模索していた。その私たちにとって、アジア太平洋地域をベースに地域外交を積極的に蓄積してきている大分県の平松守彦知事(当時)から、アジア地域との国際交流に特徴をもった大学を共同で創らないかという誘いは、歴史的にアジア地域との交流の拠点である九州での大学設置であるという点と合わせて、将来への大きな可能性を感じさせるものであった。

しかし、私たち立命館は私学である。国際交流の大きな志の一致と同時に、その実現を裏づける現実的な財政上の大型協力があってこそ、大分県でのAPU創設が現実に実ったのである。

APUを特徴づける、「学生の半数を外国からの国際学生で構成する」というコンセプトはどうして生まれたのか

これは、一言でいえば、私たち立命館側と大分県側とのトップ同士の初期の折衝で、「大学を創る

のなら、数多くある大学と同じレベルのものを創るのでは意味がない。どうせ創るなら、これまでわが国で存在しなかったような新しいものを創ろう」という一致した志が生み出した産物である。とにかく、「わが国でこれまで存在したことのないタイプの大学といったら、どのようなものが考えられるか」、この問いから浮かび上がったアイデアが、このコンセプトであった。

「学生の半数が国際学生」という大学だったら、大学の国際化がいわれているが、このようなものはあきらかにこれまでわが国で存在しない。このコンセプトが浮かんだとき、私たち関係者は直感的に、これがやれたら絶対に大きな価値がある、と考えた。

当時文部省は、一八歳人口が減少期に転換した状況のもとで、大学新設に厳しい抑制をかけていた。このもとでは、尋常な設置申請、しかもつぎにのべるような大規模な申請は、認可の見込みが困難を予想され、申請するなら何か相当に特色のあるものでなければならなかった。そのようなことも、この大胆なアイデアに魅力を感じた理由であった。

このような初期段階の状況を背景にして、その後、学内の二一世紀学園構想委員会の研究会でこのコンセプトが大きくふくらみ、一九九五年四月にかけての第五次長期計画委員会の答申のなかでこのコンセプトが明確に打ち出されることになった。

このコンセプトについてよく聞かれるのは、「これがどのような論議の結果生まれてきたのか」ということである。しかし、このような経過からもあきらかなように、それは何かいろいろな状況、条件を十分検討の上で生まれてきたものではなく、率直にいって、何よりもこのコンセプトそのものが先に生まれたということである。そして、関係者がこのコンセプトに「惚れ込んだ」ということである。

このような経緯が、このコンセプトを実現に導く上で有効であったように思われる。もしこのコンセプトを、同時にいろいろな実現条件を考えながら定着させようとしたら、途中で挫折していたのではないかと思う。何よりもこのコンセプトに惚れ込んだ者たちが、何としてもこれを実現しようと執念を燃やしたがゆえに、これが本物になったのではないかと、いま私は思い返している。

当時、わが国の大学では、一般に国際学生の受入れは国内学生受入れに対する補完としてすすめられてきていた。文部省サイドでも、国際学生の受入れをそのようなものとみていたと思われる。

しかし立命館は、ＡＰＵでの国際学生受入れをまさしく正面から受け止め、人材養成における国際貢献とわが国大学の国際化の新境地開拓を使命として、国際大学ＡＰＵを構築しようとした。このわが国最初の本格的な国際大学は、省みれば、こうして最初立命館と大分県のトップ同士の会話が生み出した「夢」に惚れ込んだ者たちの、人材養成における国際貢献とわが国大学の国際化にかける、いわば執念が結実していったものといえる。

大学の規模を決める一学年の学生定員で、ＡＰＵの場合、八〇〇名という大きな規模が、当時学生定員の抑制下で、なぜ設定されたか

ＡＰＵの特徴を語るとき、「国際学生比率五〇％」が強調されるが、もう一つ重要なのは、この点である。学生定員八〇〇名が設定されることによって、実際に「毎年四〇〇名の国際学生」を迎えるとい

う課題が浮かび上がるからである。

ＡＰＵの設置申請の準備に入った一九九〇年代後半、文部省の高等教育政策は、一八歳人口の減少期を迎えて定員抑制基調の最中にあった。文部省にとって、この時期に一つの新大学のために八〇〇名という定員純増を認めるなどということは「とんでもない」ことで、そもそもこの時期にこのような規模の申請を提出するということ自体が「非常識な」ことと思われた。

しかし立命館にとっては、この規模はどうしても譲れないものであった。それは、立命館は私学であり、各学部もそれぞれ財政的自立をめざしており、新大学ＡＰＵも当然、財政自立の条件を絶対に必要としていたからである。

それでは、新大学が完成後財政的に自立する条件とは何か。それには、財政の七〇％を学費に依拠する今日のわが国の大学状況のなかでは、学生規模の確保が最大の保証であった。今日の私立大学の平均学費水準を想定すれば、二学部から成る一つの大学を自立的、安定的に運営するためには、どうしても学生数一学年八〇〇名が必要であるというのが、私学関係者のこの間の経験則であった。私たちにとっては、定員八〇〇名の確保は、財政自立上、至上命令であった。

この定員八〇〇名をめぐる文部省との事前折衝は、難航した。一九九五年、九六年中の折衝は、延々平行線を辿った。

しかし、一九九七年になって、思いがけない形で事態が開けることになった。それは、文部省の高等教育政策の変更で、大学設置規模を規制する各都道府県の高等教育収容率が、これまでの二〇％から三〇％に緩和されることになったのである。これによって、収容率が三〇％に到達していなかった大分県では、設置申請する大学・学部の規模が大幅に緩和されることになった。私たちが申請を予定していた一学年八〇〇名という、これまであまり前例のない規模も、この規制緩和でほとんど無理なく通過が可能となった。この問題は、当初私たちを大いに悩ませたものだっただけに、この規制緩和には救われた思いがした。

しかし、これでいよいよ、「年四〇〇名の国際学生」確保が勝負となってきた。

いかにして毎年四〇〇名という大きな規模の国際学生受入れが可能となったのか

学生推薦国際ネットワーク　ＡＰＵの開設のためには学内外、国内外にわたってさまざまな準備作業が必要であったが、そのうちで、この新大学にとって要のなかの要であり、しかも最大の難関は、毎年四〇〇名の国際学生を確実に確保する保障であった。この点は私たちの新大学計画を文部省、大学設置審議会に認めてもらうためにも、どうしても突破しなければならない課題であった。

現在では、「留学生受入れ一〇万名計画」も実現され、日本に来ている国際学生数も一二万名を超えるところに来ている。しかし、ＡＰＵ開設準備が本格化する一九九七年当時、日本への国際学生総数は五万名を少し超えた程度で、しかも対前年度人数が減少しているような状態であった。

さらに、一九九七年夏以降、周知のように外国での通貨価値の下落をきっかけにしてアジア全域が通貨危機、経済困難に見舞われ、アジアは経済のみならず、社会全体として大きな混乱に陥った。新大学の準備がいよいよ本格化するところで、ちょうどこのアジア経済危機に遭遇することになった。

そこで、周りの人々は、立命館の国際大学開設計画の成り行きを大いに危惧することとなった。ある人は「時代が悪い。もう少し開設時期を延ばしてアジア経済の回復を待ったらどうか。今の状況ではとても国際学生は集まらないだろう」とか、「計画をもう少し縮小したらどうか」と忠告してくれた。また一部の人々は、「この計画はおもしろいが、もう駄目だろう」と酷評した。

しかし、計画を推進していた立命館や大分県、別府市の関係者は、「今次のアジア経済危機は、確かに未曾有の深刻な危機である。しかし、そんなに遠くない時期に必ず回復する。たぶん三年後の二〇〇〇年、つまりＡＰＵの開学時期には、アジア経済は回復軌道にのるであろう」と楽観的に考えた。

状況は、実際にはおおむねそのような方向に展開することになった。しかし、当時はとにかく具体的にどのようにして、毎年四〇〇名の国際学生を確保するか、その仕組みをどうするかが大問題であった。

私たちは、単なる広報活動や一般的なアピール訪問活動では、何ら確たるものがつかめないことがわかってきた。私たちは、毎年四〇〇名の国際学生を安定的に確保する明確な仕組みとそれを実現するための行動計画を確立する必要があった。また、これをものにしないと、文部省、大学設置審議会を説得し、認可を得ることも難しかった。

私たちは、このためにいかなる行動計画、行動システムを確立するかを考えた。

このとき、私たちは、改めて文部省大学設置事務室での係官との厳しいやりとりを考えた。「とにかく、毎年四〇〇名の国際学生を受入れられることを明確に示して下さい。」

「毎年四〇〇名の国際学生受入れができるのか」を「明確に、納得的に」示すにはどうしたらよいか。とにかく、「やります」「がんばります」「一生懸命宣伝して知名度を上げます」では駄目である。

このとき、私たちはアジアを中心に世界の教育機関、具体的には高等学校と国際学生派遣の推薦協定を締結する。毎年一名の推薦派遣の協定を仮に四〇〇校と結べば、毎年四〇〇名確保を実現できる、ということに思い至った。このアイデア自体は、コロンブスの卵のようなもので、単純にして、明解なものである。誰も否定のしようのないものである。問題は、これをどうして実現するかであった。それはすべて自分たちの行動力にかかるものであった。

「四〇〇校各一名」という数はそれほど大した数ではないともいえる。しかし、世界のまだ何の接触もない高等学校とそんな関係が結べるのだろうか。不安がよぎらなかったといえばウソになる。

しかし、立命館全学の教職員のフットワークを総動員すれば、四〇〇校各一名という数は何とかなりそうだという感じにもなった。

動き出さずにあれこれ論評しても一歩も進まない。私たちは、一九九七年夏、まずアジアを中心に一三の国・地域にそれぞれ教員と職員の三〜四名の担当チームを編成し、合計四五〇位の教育機関を訪問することにした。さらに、このような活動をアジア地域以外にも拡げつつ、九八年春以降も展開した。この間、私たちが直接海外行動を展開した国・地域は二〇を超えた。

この教員・職員チームによる海外行動は立命館において画期的な取組みであった。この行動は、とくに職員の人々の国際化意識を高揚する上で大いに効果をもった。また、立命館はこれまで「教職協同」をその独特の組織風土とすることを誇りとしてきていたが、実際にこの行動は、その力を試し、力を発揮する絶好の機会となった。

このような国際行動の結果、一九九八年秋の第一次申請時には、七〇〇を超える高校・教育機関との交渉を踏まえて、約二五〇の国際学生推薦協定を準備することができた（推薦協定にもとづく推薦学生数は、四〇〇名をはるかに超えるものとなった）。

この学生推薦協定は、文部省の設置認可当局に対しては、国際学生確保についての絶大な説得材料となった。これによって私たちは、設置申請に対する国際学生確保の壁も何とか突破できる可能性をつかむことができた。

しかし、国際学生確保問題は実際にそれを実現できるかどうかが勝負であった。一度協定を結んだからといって、その約束をその通り果たしてもらえるかどうかはわからなかった。「協定はあるが、今年は希望者がいない」といわれれば、それまでである。一九九八年以降、私たちは直接訪問も含めて、さまざまなかたちで綿密な接触を図りつつ、協定内容の実現のためにきめ細かな努力を重ねた。

このような海外高校・教育機関との接触を密なものとするために、一九九八年五月と一二月に、韓国・ソウルとインドネシア・ジャカルタで現地事務所を開設した。これらの事務所は現地の高校や留学志願生との継続的、系統的な接触を図る上で大いに威力を発揮している。

ソウルやジャカルタのように組織的な事務所体制までをとれなかったインド・ニューデリーとタイ・バンコク、台湾・台北では、個人の協力者が協力協定の下に事務所機能を果たして、それぞれの国・地域からの国際学生確保に大きく貢献してくれている。

このような、国際学生確保のためのさまざまな努力や協力関係が結実して、二〇〇〇年四月の開学時には予定の二〇〇名を超える二五二名の国際学生が入学してきた。さらに九月入学生を加えると（APUの国際学生は四月と九月にほぼ半数ずつ入学してくる）、初年度に予定の四〇〇名を超える四二一名の学生が、実に四七の国・地域から入学してきた。約束しているとはいえ、新設の日本の大学に本当にこれだけの国際学生が来てくれるのだろうか——入学式の直前まで関係者は内心不安であった。予定通りの各国からの国際学生が色とりどりの民族衣裳で入学式に揃ったのを確認したときの関係者のよろこびは、何ものにも替え難いものであった。私自身、「APU開設に関わってきて一番うれしかったことは何か」とよく聞かれたが、その最高のものは、やはり二〇〇〇年四月三日の第一回入学式であった。

こうして獲得したノウハウを核にして、APUの国際学生確保システムは順調に発展してきている。二〇〇六年一〇月現在、APUには世界七四の国・地域より二、一六〇名の国際学生が在籍している。

「日本語の壁」を破る

このように、推薦協定のネットワークを張りめぐらすことで、APUは国際学生確保の大きな基盤を築くことができた。そして、これは今もAPUの国際学生確保の有力な基盤となっている（ただし、これで一〇〇％の国際学生受入れを行っているわけではない）。

しかし、こうして国際学生受入れのルートをつくり上げたとしても、これだけで実際にそれぞれの国・地域の高校で学生がＡＰＵに志願してくれるかどうかわからない。まして、優秀な学生となると、どうかわからない。

日本では国際学生受入れというと、今でも日本語での勉学が当然のごとく前提となっている。しかし、事前に日本語を習得して日本への留学に備えている学生がある程度の規模で存在しているのは、韓国、中国、台湾の三つの北東アジアの国・地域に限られている。アジアでもその他の、東南アジア、西南アジアの国・地域、ましてその他の世界の各国・地域では、日本語を習得している学生層はごく限られている。

このような状況のなかで、いかに推薦協定のネットワークを拡げても、日本語での学習を前提とし、したがって日本語の事前習得を前提とした場合、実際に十分な入学志願者が現れるかどうか、北東アジアの三つの国・地域外ではきわめて高いリスクを伴うものであった。

また、北東アジアの国・地域でも、海外留学をめざす積極的な学生層は、まず第一に英語の習得をめざしており、それらの層は当然のこととして英語圏、具体的には合衆国やカナダ、英国やオーストラリアへの留学を第一希望としている。それらの層は、よほどの動機がない限り、改めて日本語を習得して日本にくるということはない。

そのようなことを考えると、どうしてもこの「日本語の壁」を打破して、ＡＰＵでは講義などでの使用言語を少なくとも日本語と英語の二言語システムに踏み切らなければならないと考えるに至った。

北東アジアの三つの国・地域を越えてアジア全域、さらに世界中から国際学生を受入れ、また北東アジアでも事前に英語を習得して米・欧への留学をめざしている優秀な学生層を受入れるには、「日本語の壁」を越えることは必須の条件であった。

理屈はわかっても、この決断は、今の日本の大学では相当勇気のいることであった。講義や演習の一部を英語化するのならそれほど難しいことではない。しかし、ＡＰＵではやるとしたらすべてのカリキュラムについて二言語化を図らなければならない。果たしてこれを実現できるような条件を整えることができるだろうか、担当体制を組むことができるだろうかというのが最大の思案であった。

しかし、幾分の不安を感じつつも英語・日本語二言語システムに踏み切らせたのは、ＡＰＵを普通の国際学生受入れ大学にしてはならない、日本の通常の大学のように、国際学生といえば北東アジア三国・地域からの国際学生がほとんどを占めているような状況にしてはならない、国際学生が世界中から集まる本格的な国際大学にしたい、という強い思いであった。

授業体制を英語・日本語二本立てですることは、担当体制、教室条件、時間割などの条件面で、これまでに私たちが経験したことのない負担を強いられることになった。日本語能力を入学の前提としないということは、授業体制だけではなく、事務室での学生対応から始まって、さまざまな面でのバイリンガル体制の実現が求められる。授業を担当する先生方だけではなく、窓口対応の一人一人の職員スタッフがバイリンガル能力を求められることになった。授業体制を二言語化するということは、単に英語の授業を並行させればよいというものではないのである。

日本に大学は数多いけれども、このようなシステムを全面構築した大学は、ＡＰＵが初めてであろう。このような英語・日本語二言語システムの導入は、幾多の苦労を伴ったが、――それは今も続いている――、それを通して多くのことを学んだ。また、日本の他の大学ではないような新しい状況を生み出した。

何よりの成果であり、ここから学んだことは、「日本語の壁」を越えることによって、世界中から日本に国際学生がやってくるようになったことである。また、北東アジア三国・地域からは、事前に日本語を習得した学生だけではなく、英語を習得している、当初は米・欧志向の学生たちが多数入学してくるようになったことである。現在ＡＰＵには、世界七四の国・地域から学生が来ているが、これはあきらかに「日本語の壁」を越えたことの効果である。これなしには、決してこのような状況は実現しえなかったであろう。

ＡＰＵ自身は一つの小さな大学であるが、確実にＡＰＵは、日本への国際学生の構成とレベルを変えた。この点では、日本の国際学生受入れの歴史に一つの画期をつくりえたと、私たちは自負している。

もう一つ、こうしてＡＰＵでは日本語を事前に習得していない学生の入学を可能にしたことの反面として、入学後は英語による通常課目の習得と同時に、並行して（一、二回生を重点的に）日本語の習得を義務づけていることが生み出す効果である。

これはとくに、一、二回生の国際学生の学習活動を相当にハードなものにしている。しかし、国際学生たちはこれにめげず、連日深夜、図書館の閉館時刻まで学習に励むような状況が拡がっている。

このような学習の雰囲気は、入学した当初の日本人学生には驚きである。しかし、このような雰囲気のなかで日本人学生も負けずに学習に励むようになるのであり、国際相互刺激による教育効果が、APUの大きな特徴となっている(この点については、改めてまとめて触れる)。

優秀な国際学生を迎えるのに現実に必要とされる奨学金ファンドは、いかにして用意されたのか

日本への国際学生受入れを促進するにあたってもう一つの大きな壁は、「経済生活条件の壁」である。どれだけ日本留学を熱望し、学力的、言語能力的に入学条件を満たしていても、日本での生活を保障する経済条件が整わなければ、留学は無理である。

この点で、日本への留学を希望する学生の圧倒的に多くが発展途上国・地域出身者であるのに対し、日本での生活費が世界のなかでも抜群に高いという二重の壁が日本への留学には立ちはだかっている。

この壁をいかに克服して、優秀な国際学生を迎えうるかという問題である。

これらの現実的な問題への対応は、結論的にいえば、いかにして、国際学生に対する奨学金等の経済支援を用意しうるかという問題に帰着する。しかし、APUのような私学の、しかも学部国際学生に対して国費による奨学金を期待することは、ごく少数の例外以外は現時点では不可能である。

そこで、私たちは、優秀な国際学生を受け入れるためにも、自前の奨学金ファンドを用意しなければならなかった。しかしこれは、その間の一般的な経済情勢から考えても理解されるように、相当な

難題であった。また一定のファンドをつくることができても、この間の超低利子状況の下では、利子運用による奨学金形成はまったく不可能であり、奨学金の継続的な準備は至難の課題であった。

しかし、私たちには、先々までの継続性の見通しまではともかく、当面新大学へ立ち上げの一定期間、優秀な国際学生の確保を保証しうる、ある程度の規模の奨学金ファンドの形成は不可欠の条件であった。

私たちは、これには、どの方面よりもまず日本経済界の有志企業の支援をお願いしなければならないということで、日本の有力企業のトップリーダーの皆さんによる「アドバイザリー・コミッティ(Advisory Committee. 以下ＡＣ)」を結成していただいた。さらにＡＣメンバーの企業各社を中心に、幅広いＡＰＵサポーティング・グループを形成していただいた。

ＡＰＵ国際学生に対する奨学金ファンド形成のために絶大な尽力をいただいたＡＣの結成には、日本を代表する約二〇〇社の有力企業のトップリーダーに参加していただくことになった。

ＡＣメンバー企業を中心に、幅広いＡＰＵサポーティング・グループのご高志を得て、私たちはＡＰＵ開学までに約四〇億円の奨学金ファンド形成を見通すことができるようになった。さらに、政府、地方自治体、民間諸機関、個人有志、学園教職員など、さまざまな領域からの支援の輪を結集することによって、少なくとも開学後一〇年近くの間は、外国からの国際学生に対して、ＡＰＵ独自の相当に手厚い経済支援を提供することが可能となった。

日本国内からみていると、一般にはあまり知られていないかもしれないが、アジアから、あるいはアフリカから、外国への留学をめざす優秀な学生に対しては、世界の有力大学が、豊富な奨学金を用意して人材確保に鎬《しのぎ》をけずっている。優秀な学生に対しては、世界のいくつもの有力大学から入学の誘いがかかり、優秀な学生はその誘いのなかでもっとも有利な条件を確保して自分の希望を果たしていくという現実がある。

私たちも幾分は耳にしていたが、外国からの国際学生の受入れ作業に具体的に入っていくにしたがって、そのことの重さが実感として切実に感じられるようになった。そしてそれは、APUにとっては、そのステータスが形成されていくにしたがって、優秀な学生を確保しようとすればするほど、厳しいものとなってきている。優秀な国際学生を合格させても、提示できる奨学金等の条件で、米・欧や最近ではアジア地域の有力大学との競争に負けることは、その学生が優秀であればあるほど、ありうることである。そして、そのような時のくやしさは、何ともいえないものがある。日本の大学が本格的に国際的なものであろうとする際の、文字通り国際競争の厳しさを実感させられる瞬間である。

しかし、最近では、逆に世界でも例のないAPUのもつ多文化性、国際性の高さを評価して、米・欧の有力大学よりもこちらを選んでくれる学生が増えてきている。その際、APUそのもののもつ国際的特徴の優位性と同時に、やはり現実問題としてAPUの有している固有の奨学金ファンドが大きな威力を発揮している。APUには、先にものべたように、「日本語の壁」を越えていることによって、現在、他の日本の大学の国際学生とは質の異なる学生が入学してきているが、さらに日本経済界の有志企業の高志による奨学金ファンドを運用することによって、十分米・欧の有力大学への入学条件を有する学生が多数入学してきている。

このような条件をＡＰＵが構築する上で、ＡＣメンバー並びにＡＣ企業が果たしている貢献は、きわめて大きなものがある。それは、一つの大学としてのＡＰＵに対してはもちろんであるが、大局的にみて日本の高等教育の国際化、日本が海外の優秀人材を確保する上で画期的な役割、貢献を果たしている。このことが、もっと強調されなければならない。事実、二〇〇六年度までにすでに三年間にわたって卒業生を輩出しているが、ＡＰＵの国際学生卒業生たちは、大学院進学のものを除いて企業就職希望のものは、その多くが日本の学生にとってもなかなか難関の日本の有力企業に就職をしていっている(この点についても、改めて触れる)。

〔以上、ＡＰＵの創設については、坂本和一(二〇〇三)、坂本和一(二〇〇六)を参照〕

(3)　ＡＰＵがつくり出しつつある大学革新の萌芽

「アジア太平洋時代」の国際的な人材養成と日本の大学の国際化への挑戦という、二つの課題を意識してスタートしたＡＰＵも、二〇〇六年、開学七年目を迎えている。

まだ一〇年にも満たない位の経験で、本来息の長い取組みである教育と研究についてその成果を計るのは謹まなければならないのかも知れない。そのことを十分心得た上で、しかしやはり、この間の「マルチカルチュラル」な環境での教育・研究の営みからみえてくるいくつかの点を確認しておくことも必要かと思う。

国際相互刺激が生み出す新しい教育・研究効果

その第一は、学生間の相互刺激が生み出す教育効果である。ＡＰＵがつくり出している「マルチカルチュラル」な教育環境は、多様な国・地域からの学生相互の間で勉学面でも、ものの考え方の面でも、大きな刺激を与え合っている。そのなかで、多分これまで世界のどこの大学でもみられない、新しいタイプの国際人材が確実に育ちつつある。

その点では、とくに日本の学生の受けている影響は、他の日本の大学では考えられないものがある。一般に国際学生たちの勉学意欲や志は高いものがある。わざわざ異国の地に高い費用をかけて勉学にやって来るわけであるから、それは当然のことである。しかし、その国際学生たちの高い意欲や志がこれまで日本の学生たちにどれだけ刺激を与えてきたかということになると、私の経験では、必ずしもそれほど大きなものがあったようには思われない。それは、国際学生がこの間増加してきたといっても、一つの大学、一つのクラスのなかに置き直してみると、全学生の数％程度で、まったくの少数に止まってきたからである。

しかし、やはり「数は力なり」である。大学の学生の半数、クラス学生の半数が、国際学生で占められるような環境のなかでは、彼らの高い意欲や志の明確さが堂々と表に現われ、日本の学生たちに影響を及ぼさざるをえない。

このような環境のなかで、日本の学生たちも国際学生たちに負けないようにと必死で勉強するようになる。また、自分の存在を真剣に、真摯に考えざるをえなくなる。今まで生まれ育った日本という国についてあまり深く考えることのなかった日本の学生も、日本の文化、歴史、伝統、特性について真剣に考えさせられるわけである。学生だけではなく私たち自身、「マルチカルチュラル」な環境に身をおいたとき、はじめて自らのアイデンティティを深く考えさせられるのである。

しかし、このような新しい教育環境での教育効果の程度は、理屈ではなく、学生たちが社会へ巣立つ際に実際に試されるものである。私たちＡＰＵの創設に関わったものは、二〇〇〇年四月のスタートと共に、四年後学生たちが試されるであろう社会的な評価の目標設定と、それを実現するための手立てを、具体的・現実的に構築、実行してきた。これによって、「マルチカルチュラル」な環境での教育効果を確実なものとする努力をした。

まだ短期間の成果であるが、ＡＰＵの「マルチカルチュラル」環境での人材養成の効果は、社会的にも大きく評価されつつあると自負している。実際に、二〇〇六年度までに三年間にわたって卒業生を輩出しているが、とくに国際学生の卒業生たちは、日本の有力企業や各種機関から良好な評価を受け、国内外で活動の場をえている。一般に国際学生の日本企業への就職願望は強いが、これまで日本企業の受入れはなかなかすすまなかった。このなかで、ＡＰＵの国際学生は新しい状況を切り開きつつある。また日本学生就職も、良好である。

ＡＰＵを実際に来訪する多くの企業関係者は、この新しい大学の国際的教育環境が新しいタイプの人材を生み出しているのを実感したと語る。このような社会的評価が良好な進路確保につながっている。

国際学生、日本学生を問わず、大学院進学率が高いのもＡＰＵの特色である。大学院の進学先は、ＡＰＵ自身の大学院だけではなく、国内外、多様な大学院に拡がっており、この点でも成果を出しつつあるといえる。

新しい効果の第二は、ＡＰＵで働く私たち教職員自身が国際学生たちから受ける新しい刺激である。世界の七〇を超える国・地域からそれぞれ異なる文化や習慣、価値観をもった若者が一堂に会する教育現場での指導が、ほとんどが日本育ちの学生で占められる教育現場での指導と様相を異にすることは、多くを語らなくても容易に察せられることであろう。このような状況のなかで、ＡＰＵの教職員は、さまざまな苦労を重ねながら、学生たちと同様に、一方で多様な文化との付き合い方を学ぶと同時に、他方で日本という国の文化や社会・経済の特質をより深く考える契機を与えられている。

たとえば、発展途上国からの国際学生たちは、戦後日本がつくり出した日本経済や日本的経営の成功について、学び取るべきその本質を深く知ろうと真剣に勉強している。そのような学生たちに対して、今日みられる日本経済や日本的経営の欠陥や問題点を指摘するだけでは、彼らの求めているものに十分応えることはできない。欠陥や問題点の指摘以前に、それらが果たした歴史上の意義や、それらが成功を遂げた普遍的な本質を、たとえば日本の文化や歴史とのつながりのなかで、より深く探って説明してやることが求められることになる。

第三は、教員スタッフの間におこる相互刺激である。二〇もの違った国籍から成る教員集団が構成されると、さまざまな新しい教育手法がもちこまれる。とくに、米・欧で訓練を受けた教員はプログラム化された教育やＩＴ技術を駆使する授業展開に高い能力をもっていたり、毎週かなりハードに宿題を課しながら、学習を刺激することを普通とする。これが学生たちに怠慢を許さない雰囲気をつくり出すと同時に、教員同士の間でも教育の質の向上のための競争を刺激する効果をもたらす。それは、従来の日本育ちだけの教員集団ではなかなか生じない、新しい雰囲気である。

産官学協力・連携の促進

第四は、このような日本ではユニークな「マルチカルチュラル」な環境での多様な人材や大学教育の効果に関心をもち、大学外の組織や機関、企業などから、教育・研究上の協力を受ける機会が多くなってきているということである。たとえば、協力講義の提供や、講義の講師派遣、インターンシップの機会の提供など、多様なものがある。経済界の研究グループから、各国からの国際学生たちとの、アジアと日本の将来をめぐるディスカッションの申し出を受けることや、ベンチャー企業家の方々から学生を対象とするベンチャー・コンテスト実施の提案を受けることも度々である。これらは、いわゆる産官学協力・連携であるが、これがたいへん貴重な大学の財産となりつつある。

第五は、当然のことであるが、教員集団による研究のベースが一挙に国際化したということである。これまでの私の経験では、各種のファンドに申請する共同研究プロジェクトは、それにラインナップされる研究者は、ごく例外を除いて当然のことながら日本人研究者であった。しかしAPUでは、多国籍メンバーのラインナップは当然のこととなった。これは、単に形式的な研究者のメンバー編成のレベルを超えて、研究そのものの目的や方法、趣向といった研究の実質やレベルを大きく変えていくように思われる。

たとえば、APUでは「アジア太平洋学」という新しい学問分野の開発をめざしている。これまで日本ではアジア太平洋研究といっても、ほとんどもっぱら日本の研究者による地域研究であった。しかし、APUのような多国籍の教員集団を基盤とすることによって、文字通り「アジア太平洋(人)によるアジア太平洋のための、アジア太平洋研究」が共通意識となり、これが自ずと可能となっている。

7　大学組織にいかにして「イノベーション体質」を根づかせるか
――イノベーションの実践から学んだこと

私は、学校法人立命館の管理運営に関与する過程で、機会にめぐまれ、「京都・大学センター」設立、立命館大学における経済・経営二学部のBKC移転・新展開、APU創設という大きな三つの大学のイノベーションに責任ある立場で関わることができた。それは、期せずしてドラッカーさんが「難しい」と説く「社会的機関」での起業家精神の発揮、イノベーションとの出会いであった。

その経験のなかで、私は、「社会的機関」としての大学組織に「イノベーション体質」を根づかせることの大変さと、この課題をすすめるために何が必要なのかを私なりに学んだような気がする。最後にそれをまとめておく。

(1)　大課題の提起はトップダウンの役割

その第一は、現状を大きく変えるような大課題、いわばイノベーション課題は、結局あたり前のことであるが、基本的に組織トップの責任においてトップダウンで提起されざるをえないものであり、またそれこそが組織トップの責任であるということである。

「京都・大学センター（大学コンソーシアム京都）」設立にしても、ＢＫＣ移転・新展開にしても、ましてＡＰＵ創設にしても、組織責任者からの大胆な課題提起なしには浮上しようのないものであった。

これらのイノベーションは、今日では学内的にも、社会的にも画期的なこととして概ね高く評価されている。しかし、そのいずれも、それらが提起されたとき、それぞれの組織現場では驚きと不安をもって迎えられ、多かれ少なかれ反対の声があげられた。その最大の背景、根拠は結局、現状の大幅変更から来るものであった。これらのイノベーション実践の初期段階の課題は、まさにこのような不安や反対を克服することであった。

しかし、この初期段階の作業は、イノベーションのその後の展開にとって、たいへん重要な意義をもっている。それは、そのような逆風を克服しなければ前進できないということに止まらないものである。

それは、そのような不安や反対克服の作業こそが、実はボトムアップによる現場のイノベーションの知恵を吸収する最大の機会となるからである。そして、そのようなトップダウンとボトムアップを適切に結合することに成功すれば、イノベーションは組織構成員全体のエネルギーを引き出しつつ、実現に向かうことができるのである。

よく組織運営にあたって、トップダウンか、ボトムアップかということがいわれる。しかし現実的に考えると、大きなイノベーションの性格をもつ課題であればあるほどトップダウンで始まらざるをえないものである。問題は、それとボトムアップをいかに有効に結合できるかということである。ボトムアップは現状改善レベルの課題ではそれ自体として意味をもつこともあるが、大課題がボトムアップで浮上することはきわめて稀であり、現実の組織運営ではその限界を心得ておかなければならない。しかし、それがトップダウンを活かすきわめて重要な要素であることは、今のべた通りである。

(2)　大課題への挑戦には「大義」が必要

それでは、トップダウンによって提起されたイノベーション的大課題に対する逆風を克服する作業にとって、何が大切であろうか。

この際、決定的に大きな意義をもつのは、イノベーションの、いわば「大義」である、というのが私がささやかな経験から学んだ結論である。そのイノベーションの大義を組織構成員にいかに納得的に提起できるか、組織構成員がその大義をどれほど深く理解し、共有できるか、これがイノベーションの命運を決めるといっても過言ではない。そしてその課題のイノベーション的性格が際立ったものであればあるほど、その大義の果たす役割が大きなものとなる。これが、直面するイノベーションの課題に対する構成員の自信と誇りと使命感を形成し、力を結束することができるのである。これが、これまで私が経験したイノベーションの実践から学んだ第二の点である。

ところで、イノベーションの「大義」の要諦は何か。

一言でいえば、それはまず何よりも、その課題が当該組織の将来展望の基本線を体現することを明確に示すものでなければならないということである。これが第一である。

私の属する立命館でいえば、ＢＫＣへの学部移転と新展開、ＡＰＵ創設は、二一世紀の立命館学園・立命館大学創造をかけた大課題、大事業として全学に提起され、学生を含めて組織構成員全体にとって二一世紀の立命館での生活の質量を規定する決定的要因として論議された。そして、対社会的には、その課題を実現することが、構成員の使命として自覚されることになった。

このことから必然的に出てくることであるが、イノベーションの大義は、当該組織内の個別利害に関わるレベルを超えるものでなければならないということである。イノベーションは当該組織が大規模、複雑であればあるほど、それに実際関わる度合いは濃淡、深浅が出てくる。たとえば、移転対象学部とそうでない学部では、当然のこととして実際にかかる負担は天地の差がある。しかしこれを、移転対象学部だけの課題としたなら、この課題は前進しないであろう。学部移転の課題を、移転対象学部にとっても、そうでない学部にとっても、将来の発展をかけた課題として、深く論議できるかどうか。これがイノベーションの大義として重要なところであろう。

この逆に、イノベーションが大義を忘れ、狭隘な個別利害のレベルで論議された場合、当初の意図を実現できないか、失敗する。それは、さまざまな個別組織の利害の間で当初の意図が種々の妥協を余儀なくされることが多いからである。

しかし、イノベーションの大義は、可能ならば、さらにそれを担う当該組織の個別利害を超えたものとして提起できれば、これに勝るものはない。これが第二である。

私はこのことを、APU創設の取組みのなかで実感した。

APU創設を提起する際、私たち関係者は、学内的にも、社会的にも、それを単に立命館内の発展計画として位置づけるのではなく、むしろそれがもつ今日的、社会的な意義を強調した。

具体的にいえば、この計画を、まず何よりも来るべき二一世紀の地球社会の将来展望、「アジア太平洋時代」の到来という歴史的見通しに立ち、日本の国際貢献のあり方の観点からとくにアジア太平洋地域における国際的な若き人材養成の拠点構築、と位置づけた。さらに、それは同時に、グローバルな視野からみてまだ著しく遅れている日本の大学の国際化、国際学生受入れの状況に大胆な突破口を図ろうとするものであることを訴えた。

このような、いわばAPU創設の「大義」は、当初成り行きを不安視された「とんでもない」計画に、国内的のみならず、国際的に広範な支援の輪を拡げるうえで絶大な役割を果たした。とくに日本国内では、経済状況がいまだ不況を脱出できないなかで、経済界から組織的にも、個人的にも大きな共感が形成され、広い支援をいただくことになった。また国際的には、これから浮上するアジア太平洋地域に求められる人材養成の課題に応えるものとして、大きな期待を寄せられることになったのである。

このような国内外の社会的な期待は、当然また、学内的にも反映し、組織構成員の自信と誇りと社会的使命感を高め、力をなおいっそう結束することに寄与した。

(3) 達成感の蓄積がつぎのエネルギーを生む

この間の私の関わったイノベーション実践から学んだ第三の点は、イノベーションの継続のためには、組織構成員の達成感の蓄積が決定的に重要であり、そのためにも、当たり前のことであるが、手がけたイノベーションは絶対にやり遂げなければならないということである。人間にとって、あることを達成したという経験がもつ意義はきわめて大きいものがある。そのことがさらにつぎの挑戦への意欲と経験と自信を確実に作り出すからである。したがって、そのような達成感の蓄積は、組織にとってもイノベーションの体質を根づかせるうえで、決定的に重要である。

近年の立命館のイノベーションというとき、社会的にはＢＫＣ開設・新展開やＡＰＵ創設がとくに語られることが多い。確かにこれは、立命館のイノベーションとして際立ったものである。しかし、学内的にみれば、それだけが突然実現したわけでは決してない。これら二つの取組みは学内的には第四次、第五次長期計画といわれるものに属しているが、それに先立って一九八〇年代後半に、国際関係学部創設や中学・高校の移転事業を軸とする第三次長期計画というものを実現している。そしてこの先立つ長期計画の成功が、引き続く第四次、第五次の長期計画を導き出す基盤となっている。

さらに立ち入っていえば、そもそも一九九四年にＢＫＣの開設と理工学部の先行的な成功があったから、引き続くＢＫＣへの経済・経営二学部の移転と新展開が構想され、これを成功させることができたのである。また一九八〇年代後半に国際化の第一段階として国際関係学部創設を成功させていたがゆえに、これをバネとして国際化第二段階、APU創設の構想が浮上してきたのであり、BKCの開設という大事業の成功がAPUという難事業への挑戦と実現を導くことになったのである。このような二〇世紀末のイノベーションの成功とそのなかでの組織構成員の達成感の蓄積は、確実にさらに二一世紀の現在にも継承されてきている。

逆にこの連鎖が断ち切れたとき、組織におけるイノベーション体質が大きなダメージをこうむることは疑いを入れない。その意味で、手がけるイノベーションは絶対に頓挫させることなく成功させなければならない。

(4)　イノベーションは継続しなければならない

以上のような経験に鑑みて、大学組織にイノベーション体質を根づかせるうえで、何よりも大切なことは、とにかくイノベーションを絶やさず、継続することである。これが、私がささやかな実践経験のなかで学んだもっとも大きな教訓である。

立命館は、一九八〇年代以来、第三次→第四次→第五次と長期計画を継続的に展開し、さらに二一世紀に入ってからは引き続き新世紀学園構想をもとにした各種のイノベーションを継続している。このイノベーションの継続こそが、組織にイノベーションの体質を根づかせる最大の要因となっている。

ところで、イノベーション体質が根づいているのであれば自ずとイノベーションが展開してくるのではないか、といわれるかもしれない。確かにそのような側面もあるかもしれない。またそのことを期待して、イノベーション体質の定着ということが課題になっている。

しかし、現実には、残念ながらそれほど簡単ではない。イノベーションそのものは、それ自体として、努力して提起し、論議し、実行しなければならない。

イノベーションそのものと、組織のイノベーション体質の強化は相互循環的な関係にある。しかし、イノベーションそのものは、現実にはそれ自体として努力しなければ、浮上しない。そしてその責任は、まず何よりも組織トップにある。組織トップのリーダーシップなくしてイノベーションの継続はありえないのである。

これもまた、私がささやかな実践経験のなかで学んだ教訓である。

むすびに

大学院の修行時代からもう大学定年を迎えた今日に至るまで、ドラッカーさんが私の教育・研究上、大学行政上の仕事のさまざまな局面で、ある時には直接に、ある時には意識の水面下で、いかに大きな影響と刺激を与えて下さっていたかを、いまさらながら痛切に実感している。

本章は、とくに大学行政という仕事の上でドラッカーさんからいただいた理論的、精神的刺激を念頭において、はばかりながら私自身が関わった大学のイノベーションの経験とそこから得た教訓の一端を綴ってみたものである。

謹んでドラッカーさんの御冥福を祈りつつ、拙文の結びとする。

※　本章は、ドラッカー学会ホームページのデジタル誌『文明とマネジメント』に掲載されている同名論文を増補改訂したものである。

参考文献

Drucker, P. F. (1950), *The New Society: The Anatomy of Industrial Order*：邦訳『新しい社会と新しい経営』一九五七年、ダイヤモンド社

Drucker, P. F. (1954), *The Practice of Manegement*：邦訳『現代の経営』一九五六年、自由国民社（最新訳一九九六年、ダイヤモンド社）

Drucker, P. F. (1969), *The Age of Discontinuity: Guidelines to Our Changing Society*：邦訳『断絶の時代』一九六九年、ダイヤモンド社（最新訳一九九九年、ダイヤモンド社）

Drucker, P. F. (1985), *Innovation and Entrepreneurship: Practice and Principles*：邦訳『イノベーションと企業家精神』一九八五年、ダイヤモンド社（最新訳一九九七年、ダイヤモンド社）

財団法人大学コンソーシアム京都（二〇〇四）『設立一〇周年記念誌』

京都市（一九九三）『大学のまち・京都21プラン』

村上泰亮氏（一九八三）「転換する産業文明と二一世紀への展望——『技術パラダイム』論による一考察」『週刊エコノミスト』一九八三年四月五日号

中村清（二〇〇一）『大学改革・哲学と実践——立命館のダイナミズム』日経事業出版社

坂本和一（一九七四）『現代巨大企業の生産過程』有斐閣

坂本和一（一九九一）『二一世紀システム——資本主義の新段階』東洋経済新報社

坂本和一（二〇〇三）『アジア太平洋時代の創造』法律文化社

坂本和一（二〇〇六）「立命館アジア太平洋大学（ＡＰＵ）創設を振り返って——開設準備期を中心に」『立命館百年史紀要』第一四号

上田惇生（二〇〇六）『ドラッカー入門』ダイヤモンド社

第II章

「イノベーション(改革)を継続できる組織」をいかに構築するか

――Ｊ．Ｆ．ウェルチとＪ．Ｒ．イメルトのＧＥ改革から学ぶ――

1　GEへの関心、ウェルチへの関心

二一年間GE(General Electric Company)を率い、同社を「世界でもっとも競争力のある」といわれる企業に変身させたジャック・ウェルチ会長は、二〇〇一年九月引退した。かれはすでに多くの人々が語るように、世界の企業界で二〇世紀にもっとも影響力をもった経営者の一人として、歴史に残ることであろう。

私自身が当初GEという会社に興味をもったのは、一九七〇年代末、合衆国に留学中のことであった。ちょうどそのころ、かのトーマス・エジソンの白熱電灯の発明に端を発するこの合衆国の老舗企業が創立一〇〇周年を迎えたところであったが、この老舗企業が依然として企業改革の時代の先端を拓くみずみずしい企業として社会の注目を浴びていることに強い関心をもった。

GEといえば、その歴史から「総合電機機器メーカー」のイメージが今でも強い。しかし、一九七〇年代の当時でもGEの事業実態は、伝統的な電機メーカーの枠をはるかに超えたものであった。今日のGEは、伝統的な電機製造部門も事業の一翼ではあるが、製造部門でも航空機エンジン、医療システム、高機能プラスチックなどの先端技術部門に重点が移っており、さらに製造部門から、金融サービス、情報サービス、放送などのサービス部門に事業の重点を大きくシフトしている。総売上高の四〇％、営業利益の三分の一を金融サービス部門が占めるという状況からすれば、今日のＧＥは単純な「メーカー」の域をはるかに超えた、「製造・サービス総合企業」であるといわなければならない。

このような事業構造の展開の端緒はすでに一九六〇年代から始まっていた。一九七〇年代末、このようなＧＥの状況に合衆国で直に触れたことを契機として、私は、一八七九年創立以来のＧＥ一世紀の、経営戦略と組織改革の歴史を辿ってみることを研究テーマの一つとした。

このなかで、私は、ＧＥがその多角的な事業展開の目覚ましさと同時に、二〇世紀における企業組織改革のいわば「アカデミー」の役割を果たしてきた歴史を知った。ＧＥの歴史は、まさに二〇世紀における企業組織改革の歴史そのものであった。

①一九世紀末に、ＧＥの成立に伴って形成された組織は、化学会社デュポンのそれと並んで、二〇世紀の垂直的統合企業を管理する組織としての機能部門別組織を先駆的に作り上げた。

②一九五一〜五三年の間に第五代社長ラルフ・コーディナーによって確立されたＧＥの精緻な事業部制組織は、このタイプの組織のもっとも典型的なあり様を示すものとして、この組織形態の世界的な普及にモデル的な役割を果たした。

③一九七〇年代に入って、「利益なき成長」の状況を克服するために会長レジナルド・ジョーンズがボストン・コンサルティングと提携して開発したプロダクト・ポートフォリオ・マネジメント

(PPM)の手法と戦略事業単位(SBU)組織は、当時、石油ショックを契機に収益性の低下に直面していた世界の多くの企業に、経営組織再編成の格好のモデルとして拡がった。

④一九八〇年代に入って、ジョーンズ会長の後継、ウェルチ会長の手で進められてきた起業家精神重視、行動様式重視の組織改革は、情報革新や国際化、グローバル化のなかで、長期的な視点からの事業展開や市場開拓を求めて、分析手法重視、機構重視型の経営組織からの脱却を模索していた世界の企業に、新しいタイプの組織改革のモデルを提供した。

⑤さらに一九九〇年代以降、「スピード、簡潔、自信」をうたい文句に、ウェルチが取り組んだ組織風土の改革は、ドラッカーが提起した二一世紀型企業組織への具体的アプローチとして注目されることとなった。

こうして、GEがその創設以来その都度その都度進めてきた組織改革は、二〇世紀はじめから今日まで、企業組織改革の先端を切るものであった。そしてこれがまた、一時期「収益なき成長」のような事態に悩まされることもあったが、二〇世紀を通して、一貫してその時代の先端企業としての位置を確保しつづけてきている組織的背景でもある。

このようなGE研究の成果は、拙著『GEの組織革新』(法律文化社、一九八七年。新版一九九七年)として刊行された(一九八七年初版では上記①〜④の改革を対象とし、一九九七年新版では⑤を追加している)。

ウェルチが前任者ジョーンズに代わって会長に就任したのは、一九八一年のことである。当時、新会長ウェルチの登場は、私にとってもきわめて興味深い出来事であった。彼が前任者ジョーンズの進めてきた事業部制組織の成長管理システムをさらにどのように改革するのか。一〇〇年を超えるＧＥの歴史のなかで、彼はどのような歴史的役割と位置を占めることになるのか。当時の私にとっては、合衆国企業史の研究上、きわめて大きな興味であった。そのことも、上記の拙著（一九八七年版）を書かせた動機のひとつであった。

一九九〇年前後から、私自身、本務校立命館で教学部長や副総長の職を預かることになり、さらに一九九〇年代後半には二〇〇〇年四月に開学となるＡＰＵの学長予定者として新大学の開設準備に責任をもった。そして二〇〇〇年四月から二〇〇四年三月までの四年間、予定通り新設の国際大学、ＡＰＵの学長を務めた。

このようなことで、私は次第に一つの学校法人の管理運営の一端を担うようになったが、このころから、ＧＥとウェルチへの関心も単なる一経営学研究者の関心から、実際に組織運営に責任をもつものとしての実践的な関心に変わることとなった。その最大の関心は、「成長を持続できる組織」とはどのような組織か、したがってまた「イノベーション（改革）を持続できる組織」「成長を持続できる組織」とはいかなるものでなければならないのか、ということであった。

二〇〇一年九月、ウェルチが引退し、代わって、それまで医療機器部門の事業部長を務めていたジェフェリー・イメルトが新会長に就任した。着任当初、その実力を不安視された向きもあったが、その後五年を経過して、イメルトのＧＥは先代ウェルチの時代にも増してその成長街道を前進している。このようななかで、今日も、GEに対する社会的関心は、依然としてきわめて高いものがある。その際、やはりその最大の関心は、「成長を持続できる組織」とはどのような組織か、したがってまた「イノベーション(改革)を持続できる組織」とはいかなるものでなければならないのか、ということであり、その真髄をGEの改革動向を通して探りあてたいということであろう。

以下、私自身も実践的に関心をもつこの点に主に焦点をあてながら、GEと、特にウェルチの果した経営改革の意義について考えてみたいと思う。そして、そこから組織の管理運営にあたるものが何を学びうるのかについて考えてみたい。

※　以下、本書では「改革」というコンセプトを多用するが、私はこれを前章で使った「イノベーション」というコンセプトと基本的に同義で使っている。

※　ジャック・ウェルチ(John F. Welch, Jr.)は、一九三五年合衆国マサチューセッツ州の生まれ。イリノイ大学大学院で化学工学を専攻、博士学位を取得。一九六〇年、GE入社。一九六八年に最年少マネジャーに就任。一九七三年グループ・エクゼクティブ、一九七七年セクター・エクゼクティブを経て、一九八一年四月、GE会長兼CEOに就任。以来二一年間にわたりGEの改革に取り組む。強烈なリーダーシップにもとづいて、さまざまな斬新な経営改革手法を生み出し、世界の企業経営改革をリードした。二〇〇一年九月、会長兼CEOを退任。〔Welch, J. (2001)：邦訳、の著者紹介による。〕

※　ジェフェリー・イメルト(Jeffrey R. Immelt)は、一九五六年合衆国オハイオ州の生まれ。ダートマス大学を卒業後、ハーヴァード大学ビジネス・スクールでMBAを取得。一九八二年、GE入社。二〇〇一年九月、かの九・一一同時多発テロの一週間前に、医療機器部門の事業部長から、ウェルチの後継としてGE会長兼CEOに就任。〔Immelf, J, R. (2006)：邦訳、の著書紹介による。〕

2　ウェルチ時代、ＧＥはどう変わったか

一九八一年から二〇〇一年の二一年間、ウェルチが率いるＧＥは、一九七〇年代にジョーンズによってつくられた、収益性を回復したとはいえ、縦割りに硬直した組織を、柔軟で、どのような経営環境変化に対しても成長と高収益性を確保できる組織につくり変えた。このことを戦後一九六〇年代以降ＧＥが辿った経営業績の推移のなかで確かめてみる（**表Ⅱ－1**を参照）。

ＧＥは、一九五〇年代から六〇年代、「利益なき成長」という事態に悩まされた。この時期、ＧＥは当時の花形産業といわれたコンピュータ、原子力、航空機エンジンの三つの事業に参入した。しかし、これらの産業にはそれぞれ、ＩＢＭ、ウスティングハウス、プラット＆ホイットニー（ユナイテッド・テクノロジーズ）というナンバー1企業があって、激しい技術開発競争にさらされ、大型投資に見合う利益を上げることができなかった。これがこの時期、ＧＥが「利益なき成長」という経営的矛盾に悩まされた背景であった。

一九七〇年に入って会長に就いたジョーンズはこれらの事業に大胆なメスを入れ、結局、航空機エンジン事業を残して、コンピュータと原子力の二事業から撤退した。他方、当時製造事業に集中して

表Ⅱ－1　GEの経営業績推移(1951-2005年)　(単位：100万ドル)

	売上高	純利益	売上高純利益率
1951	2,619	134	5.1%
1952	2,993	165	5.5%
1953	3,511	174	5.0%
1954	3,335	204	6.1%
1955	3,464	209	6.0%
1956	4,090	214	5.2%
1957	4,336	248	5.7%
1958	4,121	243	5.9%
1959	4,350	280	6.4%
1960	4,198	200	4.8%
1961	4,457	242	5.4%
1962	4,793	266	5.5%
1963	4,919	271	5.5%
1964	4,941	237	4.8%
1965	6,214	355	5.7%
1966	7,177	339	4.7%
1967	7,741	361	4.7%
1968	8,382	357	4.3%
1969	8,448	278	3.3%
1970	8,727	329	3.8%
1971	9,425	472	5.0%
1972	10,240	530	5.2%
1973	11,575	585	5.1%
1974	13,413	608	4.5%
1975	13,339	581	4.4%
1976	15,697	931	5.9%
1977	17,519	1,088	6.2%
1978	19,654	1,230	6.3%
1979	22,461	1,409	6.3%
1980	25,523	1,514	5.9%
1981	27,854	1,652	5.9%
1982	27,189	1,817	6.7%
1983	27,643	2,002	7.2%
1984	28,920	2,239	7.7%
1985	29,240	2,277	7.8%
1986	36,728	2,492	6.8%
1987	40,515	2,915	7.2%
1988	50,089	3,389	6.8%
1989	54,574	3,939	7.2%
1990	58,414	4,303	7.4%
1991	60,236	2,636	4.4%
1992	57,073	4,725	8.3%
1993	55,701	4,315	7.7%
1994	60,109	4,726	7.9%
1995	70,028	6,573	9.4%
1996	79,179	7,280	9.2%
1997	90,840	8,203	9.0%
1998	100,469	9,296	9.3%
1999	111,630	10,717	9.6%
2000	129,853	12,735	9.8%
2001	107,558	13,791	12.8%
2002	113,856	14,167	12.4%
2003	112,886	15,236	13.5%
2004	134,481	16,819	12.5%
2005	149,702	16,353	10.9%

(出所) GE, *Annual Report* による。
※アミかけ部分は、「利益なき成長」状況の時代を示す。

いたＧＥの事業構造には縁の遠いように思われた、ユタ・インターナショナルという高収益の鉱山企業を買収することによって（一九七六年末）、収益性上昇の事業基盤をつくり上げた（プロダクト・ポートフォリオ・マネジメント：ＰＰＭの導入）。また、細分化された事業管理のシステムに、戦略的な重点化を図ることによって収益性向上の組織基盤をつくり上げた（戦略事業単位：ＳＢＵの導入）。

確かにこれによってＧＥは、一時的に収益率を回復する事業基盤を構築した。しかし、これによっても、成長性と高収益性を長期的に持続できる経営体制を形成しえたとはいえず、産業構造の変化や景気の変動に左右される体質を脱却できない状況にあった。むしろ、ＰＰＭやＳＢＵなど事業管理の精緻化したシステムの導入は計画部門の肥大化を生み出し、より一層組織の硬直化をもたらす結果となった。

一九八一年、ジョーンズに代わって会長に就いたウェルチは、このような不安定さや組織硬直化からの徹底した脱却をめざした。

そのために、以後二〇年間、以下3でみるような新しい事業管理の原則、意識改革、経営手法を導入した。その結果、表で見るように、二〇世紀末の産業構造の大きな変動や景気変動にもかかわらず、安定した成長性と収益性を実現することになった。しかも、一九九〇年代後半からの五年間は、九％台の売上高純利益率を確保し続けてきた。

これは、一言でいえば、一九七〇年代までの縦割りに硬直した組織を、柔軟でどのような経営環境変化の下でも成長と高収益性を確保できる組織に改革した結果であった。

3　ウェルチの経営改革

(1)　一九八〇年代の改革

一九八一年会長に就任して以来、ウェルチが推し進めてきたGEの経営改革の基本原則はきわめて単純明快なものであった。それは、つぎの二つの点にまとめられる。

第一に、GE社が手掛ける事業は、世界市場でトップか、二位の座を占めるものに限られること、この条件を満たせない事業は大胆に切り捨てること。いわゆるGE社の「ナンバー1、ナンバー2戦略」である。

第二に、基礎が確立されている大企業のもつ強さ、経営資源、および勢力範囲に加えて、小企業のもつ感度の良さ、小回り、簡素さ、機敏さを育成することにも全力で取り組むことである。

このような二つの原則にしたがって、ウェルチは、二一世紀に向けてGE社を、変動するどのような状況の下でも成長を持続できる、質量ともに世界最強の企業に構築することをめざした。

事業構造の改革――ナンバー1、ナンバー2になれない事業からの撤退

ウェルチが一九八一年着任後、まず第一に取りかかったのは、事業構造の改革、事業構造柔軟化への取組みであった。企業の事業構造は、いったん形成されると、環境が変わってもなかなか再編成、撤退することが難しいのが常である。一九七〇年代までのGEは、PPM（プロダクト・ポートフォリオ・マネジメント）やSBU（戦略事業単位）など、多角化構造を管理する精緻な管理システムをつくり上げた点では大きな成果を残した。それはまさに、二〇世紀における組織改革の「アカデミー」の面目にふさわしい成果であった。しかし、いったんでき上がった事業構造を柔軟に再編成していく点では、精緻な管理システムは、むしろそれを遅らせてしまう構造をつくり上げてしまうことになった。

ウェルチは、このような悪弊を破壊するために一つの単純明解な原則を導入した。それは、「業界でナンバー1、ナンバー2になれないような事業からは撤退する」というものであった。この考えにもとづいて、ウェルチの時代、数多くの事業の売却と買収が繰り返された。ジョーンズの時代には収益性回復の切り札のようにみられたユタ・インターナショナルも売却された。

他方では名門情報サービス会社であるRCAを買収した。また金融サービス会社を積極的に育成した。この結果、GEは家電製品、電力システム、産業機器などの伝統的な製造業中心の企業から、航空機エンジン、医療システムなどの先端技術分野と金融、情報などのサービス分野中心の企業に大きく変身した。

さらに、それまでセクター制の下で乱立していた多数の事業単位が、世界市場ナンバー1・ナンバー2基準に適合する一四個、さらに一二個の事業単位にまとめられた。

このような戦略展開は、GE内外に衝撃を走らせた。しかしこれによって、PPMやSBUなどの手法で結果的には事業構造の再編成を遅らせることとなっていたGEの体質を大きく変えることに成功した。

経営組織の改革――セクター制の廃止、組織階層の簡素化

経営革命のもう一つの柱は、事業の推進を支える経営組織の改革であった。

GEはその創業以来一〇〇年余にわたって、①機能部門別組織の導入と専門経営者支配の確立、②事業部制組織の導入、③PPMの手法やSBU組織の採用と、一貫して現代の経営組織の改革をリードしてきた。その改革は、もとより、それぞれの時代において事業の推進を支える新しい組織として積極的な役割を果たしてきた。しかし、同時にそのような改革の結果の蓄積は、次第に経営組織の肥大化と細分化、官僚化をもたらすことになっていた。とくにGEは、組織改革のリーダーであると同時に、エクセレント・カンパニーとしての安定した社会的地位にあったことが、かえって経営組織の官僚化をすすめる結果になった。一九七〇年代のPPMとSBU組織にもとづく経営が醸し出した「分析まひ症候群」は、それを象徴するものであった。ウェルチは、二一世紀に向けて成長を持続しうる強靭な企業体質をつくるために、このような状況をどうしても打破する必要があると考えた。そのた

めに、ウェルチは、それまでの戦略計画策定のプロセスを革新すると共に、さらに一九七〇年代のGEの組織を象徴するセクター制を廃止し、組織の階層性を簡素化した。これによって、GEの経営組織は大幅に柔軟さを取り戻すことになった。

以上のような一九八〇年代の積極的な経営革命に支えられて、GEは、一九九〇年代に入っても、順調な成長を続けていた（一九九一年の純利益の落ち込みを除けば）。

しかし、ウェルチには、一九八〇年代に推進した経営革命は、まだまだ不十分なものであった。ウェルチは、八〇年代の変革を通して、企業経営の「ハードウェア」にあたるもの、具体的には事業構造や経営組織の枠組みについては、概ね変革を果たしたと感じていた（経営革命の「ハードウェア段階」）。しかし、企業経営の「ソフトウェア」にあたるもの、つまり長い歴史のなかでGE社の従業員に根を下ろしている価値観や動機といった組織の風土については、まだ成長持続のための整備が整っていないと考えた。この点について、当時ウェルチは、「会社は、リストラクチュアリング、官僚主義の排除、ダウンサイジングを行えば、生産性を高めることができますが、企業風土の変革を行わない限り、高い生産性を維持できません」と語っている。一九九〇年代を迎える時点に立って、ウェルチは、さらにこの新しいレベルの経営革命、「ソフトウェア段階」の変革に取り組むことになった。

(2)　一九九〇年代の改革

従業員の意識改革――「ワークアウト」と「リーダーシップ・エンジン」の形成

ウェルチは「ナンバー1・ナンバー2戦略」によって事業構造の再編成を進めるプロセスで、一九八〇年代後半になると、新しい課題に突きあたったように思われる。それは、どのような事業改革を行うにしても、それを実際に担う従業員の意識を改革しなければ前進できないという課題である。事業構造への取組みを柔軟化するためには、同時に、それを担う従業員の意識も柔軟なものにしておかなければならないということであった。

企業成長の持続を実現するために、ウェルチが理想とする組織は、一言でいえば「共有化された価値にもとづく組織」であった。それは、これまでの伝統的な、上下の管理関係を軸にして従業員の参加を強制するだけの組織ではなく、企業の目標やさまざまなアイデアを共有することによって従業員が自主的に参加することがより大きなウェイトを占める組織であった。このような組織の構築という点からみると、GEの組織は、一九八一年以来すすめてきた変革にもかかわらず、ウェルチにはまだまだ不満足なものであった。

このような、いわば組織風土レベルの変革をすすめるために、まず一九八六年に、ウェルチはGEのトップ・グループと定期的に話し合うコーポレート・エクゼクティブ・カウンシル(Corporate Executive Council. 通称CEC)という組織を設けた。これは、GEのトップ三〇人の事業部門の責任者と上級経営責任者、上級本社管理責任者たちが四半期に一度会合をもち、そのときどきにGEにとってもっとも重要な問題を議論する場であった。会合は、ニューヨーク州クロトン・オン・ハドソンにあるGEのクロトンビル経営開発研究所で行われた。それは、事業についてのなんらかの意思決定をするような権限をもった組織ではなかったが、社内でもっとも豊富な情報をもった人々が事業運営上の共通の関心事について意見交換をする組織であり、実質的にはGEの経営の中心的な機能を効果的に果たすものとなっていた。また、それは同時に、GEの企業価値を会社の上級マネジャーに浸透させる機能を果たした。

CECをとおして、一九八八年までに、GEの上級マネジャーたちは、ウェルチの考える企業価値を理解し、信奉するようになっていた。さらにGEの一三の事業部門のレベルでもCECと同じ機能を果たす組織が設けられ、CECに直接参加できない幹部にも企業価値の共有化の浸透が図られていった。

しかし、CECに集まるこれらの上級マネジャーより下の階層のマネジャー、ミドルやそれ以下のマネジャー、一般従業員には、この時点においてはまだ、GEの企業価値の共有化は浸透していなかった。ウェルチとミドルやそれ以下のマネジャー、一般従業員の間には、企業価値の理解について依然として溝が存在した。ウェルチは、この溝を埋めるために、大多数のこれらの従業員と企業価値を共有化する方法を見つけ出さなければならなかった。

ウェルチは、上級マネジャーを対象としたクロトンビルでの経験をさらに下の階層のマネジャー、三〇万人の全従業員のレベルで再現していくことが必要であると考えた。具体的にいえば、現場のマネジャーや従業員が日常的に感じていること、不満に思っていることを上級管理者が直接に聞き、それを克服しながら、積極的にＧＥの企業価値について共通の理解をすすめていくような作業が必要であった。ウェルチと実質的にこの作業を支えたボーマンは、無意味な習慣をＧＥから「ワークアウト(Work-Out)」(除去)し、従業員による「ワークアウト」(点検)を通じて業務の無駄をなくし、問題を「ワークアウト」(解決)する必要があるという意味を込めて、この作業を「ワークアウト」プログラムと名付けた。

ワークアウトには、四つの主要な目標が課せられた。

①　自らの立場を気にすることなく、率直に発言することを通して、相互信頼を築く。
②　現場の従業員の知識と感情的エネルギーを引き出すために、権限の委譲をすすめる。
③　不必要な仕事の除去をすすめる。
④　ＧＥにとっての新たなパラダイムの創出をすすめる。

ワークアウトという呼称だけを聞くと、何か新奇な取組みのように響くかもしれない。しかし、日本の私たちにとっては、このような企業内の運動は、必ずしもめずらしいものではない。このような現場での取組みの先駆として、私たちは、日本企業の現場で長い間取り組まれてきているＱＣ運動や小集団活動を知っているからである。

GEのワークアウト運動は、一九八八年一〇月に始まった。それは、当初、特定の事業部を対象に、三〇〜一〇〇名程度のさまざまなタイプ、レベルの従業員が参加して開かれた。

ワークアウトが始まった当初、参加者はまず、長い間抱いてきた不平、不満をこぼすのに多くの時間を費した。しかし、不平をいう過程で従業員たちは、多くの問題が実は大した労力を要することなく解決可能であることを発見した。また、討論の過程でいままでマネジャー・レベルで専有されていた情報が一般従業員と共有化され出したことは、この運動を一層盛り上げた。

ワークアウトが実施されて最初の二年間に、GE全体で二、〇〇〇以上のワークアウトが行われ、そのなかでの提案の九〇%にもとづいて、なんらかの措置が講じられた。

一九九〇年に入って、ワークアウト運動は、第二段階に入った。これまでの「日常業務とは違う行動」を「いつもと同じ日常業務の状況」で行うように変更され、ワークアウトはGEの日常業務の一部となっていった。こうしたなかで、GEの従業員は、いまやグローバル競争が避けられないものであるという共通の理解の上に、業績目標が高められると、それに対して文句をいう代わりに、いかにして目標を達成するかという点に気持の焦点を合わせるように変化してきた。

一九九二年に入って、ワークアウト運動の第三段階が始まった。新しい段階のワークアウト運動はチェンジ・アクセラレーション・プログラム(Change Acceleration Program. 通称CAP)と名付けられた。これはワークアウトを新しいタイプのマネジャーを育成するために利用しようという体系的な試みであった。ウェルチは、ＧＥのすべてのマネジャーが単なる管理者ではなく、業務の革新を自らリードする、「変革型の管理者」となることを期待した。新しい段階のワークアウトは、このような新しいタイプの管理者を全社的に育成することにワークアウト運動を活用することであった。こうして、ワークアウト運動は、さらに新しい役割をもつことになった。

しかし、ワークアウトは息の長い作業である。従業員のなかには、これを冷笑的にみているものもいたといわれる。しかし、このような取組みは、短時日でその成果を問うのは酷であろう。それは、組織の風土を革新しようとする試みであり、運動の積み重ねのなかで、成果が浸透していくものであろう。いずれにしても、ＧＥという合衆国を代表する伝統的な巨大企業がこのように、従業員全体に企業価値の共有化をすすめ、従業員の経営への積極的参加を引き出す取組みを本気で開始したことの意義は大きかったといわなければならない。

この運動の結果としてつくり上げられた最大の成果は、組織の構成員がそれぞれのレベルで改革のリーダーとしての意識をもつことになり、ＧＥは組織のすべてのレベルでのリーダーシップの連鎖、ノエル・ティシーのいう「リーダーシップ・エンジン」を備えた、巨大な改革志向組織を形づくることになったことである。これはまた、組織全体が単に「学習する組織」ではなく、「教育する組織」に変わっていくことでもあった。

〔以上、「リーダーシップ・エンジン」については、Tichy, N.M. with Cohen, E.（1997）を参照〕

「境界のない組織」と「統合された多様性」

ワークアウト運動を推進しながら、一九九〇年までにウェルチの頭のなかでさらにGEの新しい組織のイメージが結実してくることになった。ウェルチは、GEを真に「境のない組織(a boundaryless organization)」にしたいと考えるようになった。「境界のない組織」について、ウェルチは一九八九年の『アニュアル・レポート』のなかでつぎのようにのべている。

「われわれの一九九〇年代の夢は、境界のない企業になることです。境界のない企業というのは、会社内でわれわれを互いに分け隔てている壁、また社外のわれわれの主要な顧客とわれわれを隔てている壁を打ち壊すような企業であります。われわれの描く境界のない企業では、エンジニアリング、製造、マーケティング、販売、顧客サービスなどの間の壁が取り払われることになるでしょう。また、そこでは『国内』と『国外』の事業の区別はなくなっているでしょう。そこでは、われわれは、ルイスビルやスケネクタディで仕事を行うのと変わらない心地好さで、ブダペストやソウルで仕事を行うことになるでしょう。この境界のない組織では、『マネジメント』『月給制』『時給制』といったラベルを取り払って、みんながいっしょに協力して働くようになるでしょう。

境界のない企業は、さらにその外壁も打ち壊して主要なサプライヤーと手を組み、知恵を出し合って、顧客満足という共通の目標達成のための一つの共通のプロセスをかれらと共有することになるでしょう。これは確かに、前例のない文化的変革を必要とする、壮大なビジョンであり、われわれはまだその実現にほど遠い地点にいます。しかし、われわれはそこにいかにして到達するかについてはアイデアをもっており、それは社内全体で急速に現実に向かいつつあります。それが、ワークアウトとよばれるものです。」〔General Electric Co., *Annual Report*, 1989, p.3.〕

GEにとって、「境界のない組織」としての具体的な主要課題は、一三の事業を相互に関連づける手段を与えることであった。それをウェルチは、「統合された多様性(integrated diversity)」というコンセプトで表している。それは、具体的にいえば、もっとも優れたアイデア、もっとも進んだ知識、もっとも貴重な人材を、「境界のない組織」の各事業間を自由に、かつ容易に移動させる能力である。このコンセプトの意味を、ウェルチはつぎのような例を挙げて説明している。

「二年前、わが社の社員の一人がニュージーランドのある家電製品製造会社で、製品の開発から発売までのサイクル・タイムを短縮する、真に革新的な方法を考え出しました。そして、その方法をカナダにあるわが社の関連会社で試してみると、うまくいくことがわかりました。

そこで、今度は、その方法をケンタッキー州ルイスビルにあるわが社最大の家電製品工場に移転しました。それによって、その工場のプロセスが一新され、製品の開発から発売までの時間が短縮され、顧客対応力が強化され、在庫が年間何億ドルも削減されました。今でも、ルイスビルにはわが社のすべての製造事業部門からの派遣で構成されるチームが滞在しており、ニュージーランドで生まれてモントリオールへ、さらにルイスビルへ移転された学習の成果をGEのすべての事業部門に普及させる活動をおこなっています。」〔General Electric Co., *Annual Report*, 1990, p,2.〕

一九八〇年代に、積極的な事業の買収・売却によって事業構造のリストラクチュアリングをすすめ、伝統的な製造事業から金融、情報などのサービス事業にその中心を大きくシフトしてきたこともあって、GEには、内部的な事業連関に乏しい巨大企業というイメージが付きまとった。しかしウェルチは、GEが単なる多様な事業の寄せ集め、単なるコングロマリットの現代版とみられることを極度に嫌った。

ウェルチは、「コングロマリットとは、機軸となるテーマをもたない事業グループのこと。GEには共通の価値観がある」「GEにはあらゆるタイプのシナジー（事業間の相乗作用）が存在する」とのべ、GEが決してコングロマリットではないことを強調した。

そして、ウェルチは、一九八〇年代後半から九〇年代初頭にかけて、実際に「共通の価値観」「事業間のシナジー」を創出するために、GEの「統合された多様性」を引き出すことに全力を上げた。上の引用に示されている「境界のない組織」づくりの実例は、そのような状況を具体的に示している。

「ベスト・プラクティス」（ベンチマーキング）と「シックス・シグマ」

以上のような組織づくりと並行して、さらにウェルチが重視したのは、「ベスト・プラクティス」とよばれる取組みである。一九八八年に始まったこの運動は、ひとことでいえば、GEよりすすんだ経営効果、生産性を上げている企業の経験を徹底的に分析し、その手法を取り込もうとするものである。当時、社会的に「賞賛される企業」とされている二、〇〇〇社のうちから二五社がベスト・プラクティス運動の対象として選ばれ、これらの企業に対して、「御社の経営慣行を研究させて下さい。そうすれば、わが社でまとめた分析結果と結論をお知らせします」という提案を行った。そして、一〇名程度のGEのマネジャーで構成されるチームが調査協力企業の経営陣との討論や工場見学を開始した。

このようなベスト・プラクティスの活動のなかで、具体的にGEは、ディジタル・エクイップメントからは資産管理、本田技研工業からは新製品開発、ヒュレット・パッカードからは品質管理、アメリカン・エキスプレスからは顧客サービス、といったように、それぞれの分野の先進企業からさまざまな新しいアイデアやノウハウをもち帰った。

今日では、このように、課題ごとにもっとも先進的な企業から徹底的に学ぶ戦略は、「ベンチマーキング(Benchmarking)戦略」とよばれているが、GEのベスト・プラクティスの取組みは、まさにこのベンチマーキング戦略の先駆けであった。

近年、GEの「シックス・シグマ(6Σ)」と呼ばれる生産性向上の取組みが注目を浴びている。シックス・シグマとは、〇・〇〇〇三四%しか欠陥・不良がない状態を示す。GEには、一九九五年の段階では一〇〇万個の製品のうち約三万五、〇〇〇個の不良があった。シックス・シグマの取組みは、これを二〇〇〇年には三～四個に減らし、これによって年間一〇〇億ドルのコスト削減を図るというものであった。このためGEは、その熟練度別に「ブラック・ベルト」「グリーン・ベルト」といった資格を与えられた一、八〇〇名の品質管理の専門家を養成し、各事業部門に配置した。かれらが中心となって、一九九六年には三、〇〇〇の品質改善のプロジェクト、さらに九七年に六、〇〇〇のプロジェクトが取り組まれたという。

しかし、このGEのシックス・シグマの取組みは、GEの独創ではなく、もともとシックス・シグマ・アカデミーという品質改善指導の専門会社が開発したものである。そして、このアイデアにはすでにモトローラやアライド・シグナルでの実践によって、経験やノウハウが蓄積されていた。GEは、このような優れた先駆的取組みを謙虚に学び、さらにモトローラなどこれまでシックス・シグマのレベルをめざしてきた各社が一〇年間かかって実現したことを五年でやり遂げた。

「スピード・簡潔・自信」

ウェルチは、「ワークアウト」、「境界のない組織」、「ベスト・プラクティス」といったコンセプトを導入するのと並行して、一九九〇年代に、GEのトップ・マネジメントが会社の潜在力を引き出す手段となるソフトウェアの主要な要素は、「①スピード、②簡潔、③自信」の三つの要素である、ということを強調するようになった。

以下、ウェルチ自身の言葉によって、それらの要素の意味を語らせよう。

〔以下の引用は、野村マネジメント・スクール（一九九二）、Slater, R. (1994), Chap.31による〕

①スピード(Speed)

「われわれは、一九八〇年代には、組織内で管理を減らせば、組織がスピードアップすることを知りました。これまで、その時代その時代に適した経営機構を構築してきました。それはビジネス・スクールで大いにもてはやされたものでした。事業部、戦略事業単位(ＳＢＵ)、事業グループ、セクター制などは、すべて細心の計算をしつくした上で決定し、それらを円滑に上と下へ移すことを目的としたものでした。この方式によって、非常に洗練された機構がつくり出されました。それは一九七〇年代に相応しいものでした。

しかし、一九八〇年代にはそのデメリットが大きくなり、一九九〇年代にもその方式を実施していたら、確実に墓場行きの切符になっていたでしょう」。

「そこで、われわれは、その方式を廃止しました。……そうしたところ、これまで何年もの間、その方式に従うために時間の約半分を費やし、残りの半分はそれと戦うために費やしていた社員が、急に生気を取り戻し、素早く意思決定ができるようになりました」。

② 簡潔(Simplicity)

「簡潔でなければ、スピードは出ません。そしてスピードが出なければ、勝てません」。

「簡潔さは、技術者にとっては、余計なもののついていない、すっきりした機能的な、ひとを引きつけるデザインを意味します。それを販売する際には、簡潔さは、明白な自由な提案という形で現れるかも知れません。製造関係のひと達には、簡潔さを心掛ければ、ラインのひと全員に意味のわかる論理的な工程ができるでしょう。個人レベルと個人間のレベルでは、分かりやすい話し方、率直さ、誠実という形で現れるでしょう」。

「リーダーは、第一に明快で、第二に現実的なビジョンを構築するために、あらゆる無駄や障壁を取り除くよう、つねに心掛けなければなりません」。

③　自信（Self-Confidence）

「スピードが簡潔さからくるものであるのと同じ位確かなのが、簡潔さは自信に根ざしているということです。官僚主義の小さな部品みたいなひと達のなかでは、自信は育ちません」。

「しかし、会社は自信を配給することはできません。会社ができること、すなわちわれわれがやらなければならないことは、社員一人ひとりに勝利し、貢献する機会を与え、それによって自分で自信をつけさせることです」。

こうして、ウェルチは、「スピード・簡潔・自信。われわれはこの三つの企業倫理を育てていくことによって、企業の力を引き出すと同時に、従業員のはかりしれない生産能力を解放し、発揮させることができる」とのべている。

(3) ドラッカーの「未来型組織の構想」とウェルチ改革

以上、ウェルチが一九八〇年代はじめから二〇年間にわたり取り組んできたGEの経営革命についてみてきた。

このようなウェルチの経営改革、とくに一九八〇年代末以降の組織改革の考え方やイメージを理論的にぴったり表明しているのは、かのドラッカーのいう「未来型組織」の構想である。「ドラッカーの考え方を理解すれば、ウェルチの頭のなかを覗くことができる」といわれる所以である。また、ウェルチは、ドラッカーの「創造する未来の経営者」の原型だともいわれる。

ドラッカーは『ハーバード・ビジネス・レビュー』一九八八年一・二月号で発表した「未来型組織の構想(The Coming of the New Organization)」と題された論文で、一九世紀末における近代企業生成以来の組織のこれまでの進化を二つの段階に区分してレビューしながら、今日それは第三の段階を迎えつつあるという。

この場合、第一の段階は、一八九五年から一九〇五年の間の一〇年間に起こった進化にもとづくものである。それは、経営が所有から分離され、それまで大企業を所有して経営していた大企業家に代わって、経営管理を独自の職業として担う専門経営管理者が企業経営を担うようになったことである。これによって、企業の経営管理における機能別の指揮命令系統が明確に示され、機能部門別組織が形成されることになった。

第二の段階は、さらに一九二〇年代に始まった。この時期に、当時不振に陥っていたデュポンとゼネラル・モーターズ(GM)を、ピエール・デュポン(Du Pont, Pierre. S.)とアルフレッド・スローン(Sloan, Alfred. P. Jr.)がそれぞれ再構築する作業を行ったが、その際導入された事業部門別の分権化された組織、つまり事業部制組織が企業組織の新しい進化をもたらすことになった。この段階は、GEが一九五〇年代に行った精緻な事業部制組織の導入で最高潮を迎えた。そして、この組織改革は世界各国の多くの大企業に普及して、今日の企業組織の完成されたモデルとなっている。

しかし、いまや、企業組織は第三の進化段階を迎えつつあると、ドラッカーはいう。それは、これまでの指揮・統制型組織、機能部門別・事業部門別組織から「情報ベース型組織」へ、そして「知識専門家型組織」への転換であるという。

それでは、この第三段階の組織、情報ベース型組織とは一体どのようなものであろうか。ドラッカーは、二〇年後の典型的な大企業の組織の形態について、つぎのような見通しを語っている。

「その形態は、今実際に経営にあたっているマネジャーや経営学者が大して注意を払っていない病院や大学やオーケストラのような組織にずっと似通ったものといえよう。というのは、このような組織の場合と同じく、典型的な企業は、知識をベースとしたものとなり、組織もほとんどが専門家たちで構成される。これらの専門家群は、同僚や顧客や本部などからの組織化されたフィードバックを通じて自らの業務遂行行動(パフォーマンス)を方向付けし規制するからであ

る。」〔Drucker(1988), p.45：邦訳、一六ページ〕

このような情報ベース型組織のイメージを、ドラッカーはオーケストラのケースをあげて説明している。

「大型オーケストラの場合は、もっと参考になる。というのは、作品によっては数百人もの音楽家が舞台でいっしょに演奏するからである。従来の組織理論によると、そんな場合には、何人かの事業担当副(社長的)指揮者や、たぶん五〜六名ほどの部門担当副(社長的)指揮者がいるべきだということになる。しかし、そんなやり方はしていない。一人の最高経営責任者(CEO)とも称すべき指揮者がいて、各音楽家の一人ひとりとの間には、中間に人間が介在せず、直接、指揮者という人物に向けて演奏する。しかも各メンバーは、高度の専門家であり、まことの芸術家なのである。」〔Ibid., p.48：邦訳、二〇〜二一ページ〕

以上のようなドラッカーのいう情報ベース型組織の特徴をまとめると、まず第一に、それは、マネジメントの階層とマネジャーの数を大幅に削減することである。したがって、それはこれまでの組織に比べて、大幅に水平な構造をもったものとなる。

第二に、それは、これまで馴染んできた指揮・統制型の組織よりも、はるかに多くの専門家が全体として必要とされることである。しかも、このような専門家が企業の本部ではなく、現場組織のなかにいるようになるので、事実上、現場組織が多様な専門家の集う組織となる。

第三に、この新しい組織においては、仕事の大半がタスク（課業）の達成に目的をしぼったチームで遂行されるようになることである。ここでは、研究から始まって開発、製造、マーケティングと順次仕事が展開されていく伝統的な手順から、すべての機能部門の専門家がタスクごとに一つのチームを組み、同時並行的に仕事をすすめるやり方に代わっていく。

このようなドラッカーの情報ベース型組織は、すでに理解されるように、一九八〇年代末からのウェルチがリードした「ソフトウェア段階」のGEの組織改革の方向と著しく一致している。ウェルチが推進してきた、ワークアウトをベースとする「共有化された価値に基づく組織」のめざすものは、これまでの伝統的な、上下の管理関係を軸にして従業員の参加を強制するだけの組織ではなく、企業の目標やさまざまなアイデアを共有することによって従業員が自主的に参加することがより大きなウェイトを占める組織をつくることであった。これはドラッカーの情報ベース型組織が描くビジョンと、大きく重なっている。

またウェルチのいう「境界のない組織」がめざしているものは、タスク（目標）を基本において、多様な分野の専門家が既存の部門の壁を超えて集まり、交流する柔軟な組織を構築することであった。これもまた、ドラッカーの情報ベース型組織の重要な特徴と一致している。

こうして、ウェルチの組織改革の実践と、ドラッカーの描く未来型組織の構想とは、大きく重なっているといえる。

しかし、ドラッカーがいっているように、情報ベース型組織を実際に構築する仕事は、未完成の仕事であり、これからの経営が挑戦すべき課題である。その点ではウェルチがリードしたGEの組織改革の取組みも、まだその成熟の途上にあるといわなければならない。

ドラッカーのいう未来型組織の構築の課題にGEの組織改革の取組みが本当に応えるものとなるのかどうかは、これから二一世紀における展開を待たなければならない。

4　ウェルチのGE改革から何を学ぶか

(1)　日本的経営手法との親近性

二〇年にわたるウェルチのGE改革から、私たちは何を学ぶことができるのか。それは、おかれた状況や立場、あるいは関心によってさまざまであり、一様ではないであろう。ウェルチの改革は、あまりに過激な部分が多く、成功物語として興味はあっても実際的には日本の企業、日本の社会には合わないとする見方もあるかもしれない。

しかし、私は、ウェルチの改革は「ナンバー1・ナンバー2戦略」のように、ドライすぎて一見いかにもアメリカ経営的にみえる部分もあるが、「ワークアウト」活動にしても、「ベスト・プラクティス」活動にしても、日本企業のこれまでの実践と著しく親近性をもつように思う。「ワークアウト」活動は日本企業の現場で長い間取り組まれてきている、きめ細かな小集団活動や、QC活動ときわめて高い類似性をもっている。また「ベスト・プラクティス」の活動は、戦後日本企業が米・欧の技術や経営手法を徹底的に吸収しようとして努力した品質・生産性向上運動が、その源流であるともみえる。

その意味では、これから日本企業がより高い世界水準の組織構築をめざそうとすれば、逆に今一度、日本企業が戦後米・欧企業に追いつくために、必死に積み重ねた努力の一つ一つを思い起こすことではないかと思われる。事実、ウェルチ自身が日本での講演や対談などの随所で、「日本企業はもっと日本企業のつくり出した成果に学ぶべきであり、日本企業には学ぶべきものがたくさんある」といっている。

もとより、時代が変わり、技術的な背景が急速に変わっており、戦後高度成長期と同じことを繰り返してよいわけではない。しかし、「ワークアウト」や「ベスト・プラクティス」活動にみられることは、時代が変わっても、組織が発展成長を持続する上では普遍性をもった実践課題である。今、ウェルチの改革は、まず何よりも、私たちにこのことを教えているように思われる。

(2)　成否をきめる組織体質：「リーダーシップ・エンジン」装備組織

私自身がウェルチの改革にもった最大の関心は、「成長を持続できる組織」とはどのような組織か、したがってまた「イノベーション(改革)を持続できる組織」とはいかなるものでなければならないか、ということであった。このことは、今日の社会ではひとつ企業のみではなく、あらゆる組織にとって共通の課題である。私自身のかかわっている大学ももちろん例外ではない。とくに今日、大学は戦後最大、あるいは、日本の近代史上最大の転換期にさしかかっており、「イノベーション(改革)を持続できる組織」としての組織体質を確保できるかどうかが、存亡を決めるといっても過言ではない。

しかし、肝要な点は、結局、単純である。何よりも大切なことは、いかなる改革課題が生じても、これを推進できる組織体質を備えているかどうかである。さらにいえば、そのような組織体質を絶えず再生産できるリーダーシップの連鎖、ノエル・ティシーのいう「リーダーシップ・エンジン」を装備しえているかどうかである。

改革のアイデア、大学でいえば、新しい学部・学科づくりや、新しい教育システムの導入などは、今誰が考えても、そんなに大きな違いは出てこない。大切なことは、それを実行に移せるかどうか、しかも「スピード」をもって実行できるかどうかである。この点になると、それを進める組織的力量があるかどうかが問われることにならざるをえない。

このような組織的力量をつくり出す日ごろからの営為がウェルチの実行した「ワークアウト」活動であり、その結果としての「リーダーシップ・エンジン」の装備された組織体質の構築である。これは決して企業だけのことではない。それは、大学も含めて、およそどのような組織であっても、それが改革力を維持しようとすれば、不可欠の努力である。ウェルチとＧＥの経営改革は私たちにこのことを教えているように思われる。

(3)「リーダーシップ・エンジン」装備組織をいかにして構築するか

――ノエル・ティシーの定式化

それでは、そのような「リーダーシップ・エンジン」を装備した組織をいかにして構築するか。具体的にこれが問題となる。

「リーダーシップ・エンジン」というコンセプト、考え方は、一九八〇年代前半、ＧＥのクロトンビル経営開発研究所長を二年間務め、ウェルチの経営改革を直接にサポートした経験をもつノエル・ティシー（ミシガン大学ビジネススクール教授）が、ＧＥでの経験のなかから編み出したものである。

ここでは、ティシーの「リーダーシップ・エンジン」理論〔Tichy, N.M. with Cohen, E. (1997)を参照〕に依りながら、「リーダーシップ・エンジン」を装備した組織をいかにして構築するかについて、少し議論を敷衍《ふえん》しておく。

「リーダーシップ・エンジン」とは何か

はじめに、そもそも「リーダーシップ・エンジン」とは何かについて、一言確認しておかなければならない。ティシーにしたがって結論的にいえば、それは、「リーダーが組織のあらゆる階層に存在し、かれら自身が次代のリーダーをつぎつぎに生み出していく仕組み」である。

成長を持続させる組織は、いずれにしてもこのような「エンジン」を装備しているという。

一般に組織の発展にとって優れたリーダーシップの存在が必要とされることは、論を待たないことである。しかし、リーダーシップが組織成功を「決定付ける」要因であるか、ということになると、さまざまな見解が存在する。とくに、リーダーシップのような個人的能力に依拠する要因よりもむしろ、

N.ティシー著『リーダーシップ・エンジン』1997年、邦訳1997年、東洋経済新報社

企業文化や経営手法のような組織的、客観的な要因を重視する考え方が存在する。

しかし、ティシーは、それらの要因も大切であるが、組織成功において何よりも重要なのは、リーダーシップという要因であるという。そして、「リーダーシップが何をおいても重要であるのは、リーダーという者が、何をすべきか決定し、事を起こす」からであるという。

さらに「リーダーシップが文化の影響や経営手法よりもはるかに重要であるもう一つの理由は、文化をつくり、経営手法を使うのは、リーダーその人だからである」とのべている〔以上、Ibid.：邦訳、四〇〜四一ページ〕。

こうして、ティシーは組織成功にとってのリーダーシップの決定的重要性を強調している。そして、そのようなリーダーシップの階層的連鎖を構築することが成功する組織の要であるという。

経営文化や経営手法の重要性と対比しつつ、明確にリーダーシップの決定的な重要性を唱えること自身、ティシー理論の組織理論の独自性を示している。

それに加えて、ティシーの組織観の新鮮なところは、そのような組織のリーダーシップが組織のトップにだけ必要とされるのではなく、組織のあらゆる階層において求められており、組織にはいわばそのような「リーダーシップの連鎖構造」が必要とされているという認識を示していることである。

組織におけるリーダーシップという場合、私たちは往々にして、それがトップ・マネジメントだけに求められるもののように錯覚しているところがある。またそのような視野から、経営の成否に関わって何ごとでもトップ・マネジメントのリーダーシップの責任を問うところがある。

しかし、組織におけるリーダーシップというものは、トップ・マネジメントだけに求められるのではなく、組織の階層のそれぞれの権限のレベルでその責任者が求められるものである。そして、そのような「リーダーシップの連鎖構造」がしっかり確立されている組織、つまり「リーダーシップ・エンジン」の装備された組織が成功する組織の条件である。これがティシーの組織理論のエッセンスである。思うに、この点がティシーの理論のもっとも鋭く、新鮮なところである。

「リーダーシップ・エンジン」装備組織をいかにして構築するか

それでは、そのような「リーダーシップ・エンジン」の装備された組織をいかにして構築するか。これが問題となる。ティシーも、「長い間私には、組織の全階層でリーダーシップを発揮させることが組織の最終目的の一つであると分かっていた。明確でなかったのは、そのようなリーダーをどう育成するかという点であった」〔Ibid.：邦訳、序、xxiiiページ〕とのべている。

そしてティシーは、さらにそれに続けてつぎのようにのべている。――「今、私にはその答えが明白である。リーダー自身が自分に続くリーダーを育てようとして教育しているからこそ組織の全階層

にリーダーがいるのだということがわかった。」〔Ibid.：邦訳、序、xxiiiページ〕

すでにあきらかなように、結論は至極かんたんなことである。すなわち、「リーダーがリーダーを育てる」ということであり、そのような組織を構築するということである。リーダーがリーダーを育てる組織体質を構築することができれば、自ずからその組織は「リーダーシップの連鎖」をもったものとなり、「リーダーシップ・エンジン」を装備した組織となることができるであろう。これが、ティシーがいう「リーダーシップ・エンジン」を装備した組織構築のエッセンスである。

ティシーはこのような組織を、「学習する組織」というよりも、「教育する組織」といった方が適切であるとしている。しかし、このような組織を構築することは、単なる「学習する組織」を創ることよりも、ずっと難しいという。

「有能な教師であるには、世界レベルの学習者でなければならない。しかし、それでは十分ではない。学んだものを次へ伝え、他の人々もまた教える立場になるよう鼓舞しなければならない。あらゆる階層に教師の存在する組織こそ、本書のテーマである。単に優れた学習者になるよりも、自分の学習したことを他人に教授するレベルにまで引き上げることの方がずっと難しい。」〔Ibid.：邦訳、イントロダクション、四ページ〕

その上で、ティシーは、組織のあらゆるレベルにリーダーを養成するリーダー、「教育する組織」のリーダーに共通する四つの点を挙げている〔Ibid.：邦訳、イントロダクション、五ページ〕。

「第一に、勝利を確実に積み上げてきたリーダーは、リーダーの育成に直接かかわっている」。

「第二に、リーダーを育てるリーダーは、アイデア、価値観、そして私の定義でいう『Eの三乗』、つまり豊かな感受性(emotional)、エネルギー(energy)、大胆な意思決定力(edge)という三つの分野で独自の教育的見地をもつ」。

「第三に、リーダーは自分の教育的見地を生き生きと話す」。

「最後に、勝利するリーダーは他のリーダーの育成にかなりの時間を費やしているため、洗練された方法論、指導テクニック、教授テクニックを身に着けている」。

さらにティシーはいう。――「リーダーには皆それぞれ独自のスタイルがあるのだが、共通点は非常にシンプルである。すなわち成功しているリーダーの条件とは、自らの貴重な時間と感受性豊かなエネルギーを惜しげもなく使って他人を教え、彼らにも自分に続いてほしいと思っていることである」と。

他人から謙虚に学ぶことは、それ自体なかなかに難しいことである。しかし、学んだことをさらに他人に教えることは、精神的にも、また技術的にも、はるかに難しいことである。

しかし、成功する組織、成長を続ける組織は、このような「教える」ことに情熱と優れた技術をもつリーダーが組織のすべてのレベルで存在する組織でなければならない。これが、ティシーがＧＥのクロトンビル経営開発研究所での経験から定式化した、きわめてシンプルな結論である。

今、あらゆる分野で、組織の成功、成長の持続にとって人材の重要性が語られることが多くなっている。それは逆にいえば、組織は大きくなっても、それに相応しい人材が質的にも量的にも、なかなか育っていないことを表明している。

これに対して、私たちは、構成員一人ひとりが「もっと勉強する組織を」ということを強調することが多い。また実際に、それを促進するために、学習や研修の機会を増やすなどして、公式にも任意にも、さまざまな努力がなされている。もとよりこれは、大いに意味のあることである。

しかし、より大切なことは、学習することと同時に、リーダーがリーダーを育てるために、「互いにもっと教育する組織」創りを進めることである。これが今まさに求められているのである。

ＧＥのウェルチの改革を定式化したティシーの理論は、今日の私たちに、このシンプルな組織づくりの真実を教えている。

5　進化するGE改革
――ウェルチ改革からイメルト改革へ

二〇〇一年九月、二〇年会長を務めたウェルチが引退し、代わってそれまで医療機器部門の事業部長であったジェフェリー・イメルトが新会長に就任した。

イメルトは、会長就任直前の医療機器事業部長時代に三年間で事業を四三億ドルから七二億ドルに拡大させた実績をもつ。しかし、製造部門の経験しかないイメルトが、偉大なウェルチの後を継いで、金融や情報などのソフト部門が大きな比重を占めるに至っている巨大な複合企業GEの成長戦略をリードできるかどうか、会長就任当時、社会的には不安視する向きもあった。

しかし、それから五年を経て、GEの成長はウェルチの時代には実現しなかった二桁台を続けている。純利益額もウェルチ時代を大きく超えている。

イメルトの成長戦略は、基本的にウェルチの時代に築かれたものを引き継いでいる。と同時に、それをより長期的な視野から強化しようとしているとみられる。

その点からみると、彼の戦略は三つの特徴をもっている。

第一は、成長分野への積極的な攻勢であり、とくに「One GE(ひとつのGE)」のスローガンのもとで、

ＧＥの擁する異分野の技術や人材を糾合した新分野への攻勢である。イメルトは、「成長こそ企業の栄養」であるという。

この点で、イメルトが新しい目標としているのは、「内部資源による有機的成長（内部成長）」である。つまり、「Ｍ＆Ａに頼らない成長」を維持することである。これによって、世界のＧＮＰ成長率の二〜三倍のペース、現在なら約八％の成長率を達成することを目標にするという。Ｍ＆Ａを基本に高成長を現出、維持したウェルチ時代を念頭におくと、イメルトは内部成長に基本をおきながら、より長期的、安定的な成長体質をＧＥにビルドインしようとしているように思われる。イメルトはいう。

「いまは高度成長期ではありません。二五年前とは事情が違います。当時、原油価格は一バレル三〇ドル以下で、成長の大半が先進諸国で生み出され、またアメリカは平和でした。ところが、私がＣＥＯに就任した直後、九・一一同時多発テロが起こりました。このような世界の変化をみると、今後一〇年から二〇年は、追い風を期待できないと感じました。市場のグローバル化が進み、イノベーションの重要性が高まったことで、みずからの力で成長できる企業が再評価される時代が訪れているのです。ですから、我々も変わらなければなりません。」〔Immelt (2006)：邦訳、四〇ページ〕

イメルトの新しい成長戦略を象徴するのは、二〇〇五年五月に発表された「エコマジネーション」戦略にもとづく環境ビジネスの推進である(「エコマジネーション」とは、「エコ(環境)」と「イマジネーション(想像)」をかけ合わせたGEの造語)。ハイブリッド型エンジン、風力発電、燃料電池など、次世代エネルギーの注目株に本格的に力を注ぎ、環境ビジネスの主導権を握ろうという戦略である。とかく環境ビジネスは利益につながらないとみられている。しかし、イメルトの「エコマジネーション」戦略は、複合企業GEの力を結集して、これを本格的な儲かる成長事業に育てようとするもののようである。

イメルトは、「エコマジネーション」の発表会で、つぎのような五つのコミットメントを宣言している〔日経ビジネス(二〇〇五)三八ページ〕。

①二〇一〇年までに、環境関連の研究投資を現在の約二倍の、年間一五億ドルに拡大する。
②環境に優しい商品の開発や金融支援などを通じて、顧客の利益に貢献する。
③二〇一二年までにGEの企業活動によって生み出される排出ガスの量を二〇〇四年比で一%減らす。
④環境関連ビジネスの収入を現在の一〇〇億ドルから、二〇一〇年には少なくとも二〇〇億ドルに倍増する。
⑤上記の目標に対する進捗状況を毎年、年次報告書で外部に公開する。

ＧＥ現会長Ｊ．Ｒ．イメルト（『日経ビジネス』2005年7月25日号）

イメルトは、他方、堅実に儲ける経営手法を採用する。これが第二の特徴である。この点は、ウェルチの経営手法を確実に受け継いだものとみえる。

ウェルチの時代もそうであったが、ＧＥは時代の浮沈に左右されず、どのような低成長の時代でも成長を持続できる戦略を実現することを至上命令としている。そのために、有望な事業には惜しみなく資源と人材を投入する、資源と人材が不足であれば即座に買収でそれらを調達する、また逆に利益が期待できないと判断したら冷徹に売却、撤退する。このようなドライな経営手法を通して、イメルトも、どのような時代状況のなかでも確実に利益を上げうる基盤を確保していこうとしている。

第三の特徴は、技術と人材の開発にウェルチ時代以上に大きな力を注いでいることである。

イメルトは利益確保のため、上のようにウェルチ時代と同様に大胆で冷徹な事業構造の再編をすすめる一方で、将来を見越した技術開発と人材の養成に大きなエネルギーを注ぎつつある。このことは、ＧＥの研究開発費が二〇〇〇年に二二億ドルであったものが、二〇〇四年には三一億ドルに上昇していることに、象徴的に現れている。

また、イメルトは、ウェルチ時代以来の伝統である業務改革運動、「シックス・シグマ」についても、貪欲に「リーン・シックス・シグマ」に進化を図っている。それまでGEが進めてきた「シックス・シグマ」はコストに焦点をあてたものが多かったが、さらにこれに時間概念を取り入れて生産性の向上を図ろうとするのが、「リーン・シックス・シグマ」である。

この「シックス・シグマ」の進化のきっかけとなったのは、二〇〇三年、GEの幹部がトヨタ・ケンタッキー工場を視察したときの経験であったといわれている。トヨタは周知のように、開発期間や納期などの短縮に先端的に取り組んでいる。「時間を短縮すれば、結果として、コストダウンに繋がるだけではなく、顧客満足の向上にも結びつく」。トヨタでは徹底しているこの考えが、GEには新鮮であったという。

大掛かりな事業構造の展開、再編成をすすめるだけではなく、こうして他社の優れたところは、相手企業の大小、内外を問わず、貪欲に吸収する。けだしここにこそ、GEの比類ない「イノベーション持続体質」「成長持続体質」の根源が潜んでいるように思われる。

こうしてGEは、ウェルチからイメルトにその主導権が引き継がれたあとも、世界最強の企業組織としての位置を保ち、さらにそれに磨きをかけている。

〔以上、5は主として、日経ビジネス(二〇〇五)、Immelt(2006)、による〕

※　本章は『商工ジャーナル』二〇〇二年八月号掲載の「ジャック・ウェルチはＧＥをどう変えたか」に大幅に加筆、訂正を行って作成された。その際、坂本和一（一九九七）第七章、坂本和一（二〇〇三）第七章、の一部を転用している。

参考文献

Drucker, P. F. (1988), The Coming of the New Organization, *Harvard Business Review*, Jan.-Feb. 1988：邦訳「未来型組織の構想」『DIAMONDハーバード・ビジネス』一九八八年五月号

Immelt, J. R. (2006), Growth as a Process, *Harvard Business Review*, June 2006：邦訳「ＧＥ：内部成長のリーダーシップ」『DIAMONDハーバード・ビジネス・レビュー』二〇〇六年九月号

中村清（二〇〇一）『大学変革・哲学と実践——立命館のダイナミズム』日経事業出版社

野村マネジメント・スクール（一九九二）『ゼネラル・エレクトリック——一九九〇年代の戦略』

坂本和一（一九九七）『新版ＧＥの組織革新』法律文化社

坂本和一（二〇〇三）『アジア太平洋時代の創造』法律文化社

Slater, R. (1994), *Get Better or Get Beaten!: 31 Leadership Secrets from GE's Jack Welch*：邦訳『進化する経営』一九九四年、日経ＢＰセンター

Slater, R. (1999), *Jack Welch and the GE Way*：邦訳『ウェルチ——ＧＥを最強企業に変えた伝説のＣＥＯ』一九九九年、日経ＢＰ社

Tichy, N.M. and Sherman, S. (1994), *Control Your Destiny or Someone Else Will*：邦訳『ジャック・ウェルチのＧＥ革命』一九九四年、東洋経済新報社

Tichy N.M. with Cohen, E. (1997), *The Leadership Engine: How Winning Companies Build Leaders at Every Level*：邦訳『リーダーシップ・エンジン——持続する企業成長の秘密』一九九九年、日本経済新聞社

Welch, J. (2001), *Straight from the Gut*：邦訳『ジャック・ウェルチ　わが経営（上・下）』二〇〇一年、日本経済新聞社

日経ビジネス（二〇〇五）「ＧＥ世界最強の組織」『日経ビジネス』二〇〇五年七月二五日

第Ⅲ章

「組織文化の改革」をいかにすすめるか

――Ｌ．Ｖ．ガースナーとＳ．Ｊ．パルミサーノのＩＢＭ改革から学ぶ――

1　ＩＢＭへの関心

一九八〇年代、ＩＢＭ(International Business Machines Corporation)の成長は、合衆国企業史におけるもっともエキサイティングな物語の一つである、といわれた。たしかにＩＢＭの第二次大戦後の成長は、数ある合衆国巨大企業の劇的な成長史のなかでも、もっとも驚異的なものの一つであった。このような戦後ＩＢＭの驚異的な成長を実現させた実体的な基盤は、よく知られるように、ＩＢＭ自身がその主役を演じた、戦後新興のコンピュータ産業の急成長であった。

私自身がこのＩＢＭに関心をもったのは、一九七〇年代末、やはり合衆国に留学中のことであった。当時、先に触れたように一方では合衆国の最老舗企業の一つ、ＧＥの発展に関心をもったが、同時に、私は平行してこの戦後新興の急成長企業ＩＢＭに強い関心をもった。それは、これら電気・エレクトロニクス産業を代表する新旧の合衆国二大企業の成長と経営戦略、経営改革をめぐる競争は、企業史研究者の関心をそそる最大の関心事であったからである。

売上高でみると、一九五四年の時点でＧＥはすでに全米第四位(『フォーチュン』誌のランキング)を占める代表的巨大企業であったが、他方ＩＢＭの方はようやく第六一位に到達したばかりの新興企業であり、ＧＥに比べればまだまだ対比されるべくもない存在であった（一九五〇年のＩＢＭの売上高はほぼＧＥの一〇分の一）。

しかし、それから二〇年のＩＢＭの躍進はまさに驚異的なものであり、一九七五年、とうとうＩＢＭが売上高でＧＥを逆転することになった。この間、ＧＥの方は、収益性の点で事業構造上幾分問題をかかえていたが、売上高の成長がとくに落ちていたわけではなかったから、それはまさにＩＢＭの驚異的な成長の結果に他ならなかった（この逆転のあと、さらに一九九〇年代半ばに再逆転がおこるが、この点についてはまた後に言及する）。

このような一九七〇年代、電気・エレクトロニクス企業の二強間のデッドヒートは産業関係者だけではなく、社会的にも大いに関心を引く話題であった。

私も一企業論研究者として、この現象に関心を持ち、その背景をあきらかにしてみたいと考えた。それが一方ではＧＥ、他方ではＩＢＭの動向を歴史的に追うことになったきっかけである。

このような関心にしたがってすすめた研究のささやかな成果は、ＧＥについては『ＧＥの組織革新』（一九八八年、新版一九九七年、法律文化社）、ＩＢＭについては『ＩＢＭ―事業展開と組織改革』（一九八五年、ミネルヴァ書房）として刊行された。

このような、私にとっては純粋に研究上の関心にしたがった成果を世に出した直後、一九八八年から、私は急に奉職する本務校立命館で大学行政上の仕事に関わることになり、それが結局定年の年、二〇〇五年まで続くことになった。

これと平行して、GEとIBMでも、世界の企業界、産業界の耳目を集める最大級の出来事が進行した。一方GEでは、一九八一年新会長に就任したジャック・ウェルチの経営改革がいよいよ佳境に入り、その鮮やかな成果に改めて世間の注目が集まることになってきていた。

他方IBMでは、一九八〇年代後半に入って、それまで三五年間驚異的成長を持続してきたその足取りが急に狂いだし、一九九〇年代に入ると、八〇年代までのIBMを知るものにはまったく信じがたい三年連続の赤字決算に落ち込んだ。そして、結局、一九九三年一月、IBMの歴史上初めて社外から招かれた新社長ルイス・ガースナーによって、経営の抜本的な建て直しが図られた。

これら二つの改革、ウェルチのGE改革、ガースナーのIBM改革は間違いなく二〇世紀の世界の企業経営史上に残る、後世に多くの教訓を残す経営改革であったといえるが、当時ささやかながら日本の私学経営の一端を担っていた私自身にとっては、それらは当初の研究上の関心を越えた、自らの仕事からくる、より切実な関心と結びつくものであった。そして、そこから私自身の仕事上の責任を果たしていく上で、幾多の教訓を学び取った。

ウェルチのGE改革は、現在はジェフェリー・イメルトに、他方ガースナーのIBM改革はサミュエル・パルミサーノに引き継がれている。

ウェルチとイメルトのGE改革については、すでにⅡ章で言及した通りである。

ここでは、ガースナーと、その後継者、サミュエル・パルミサーノのIBM改革について述べる。

※　ルイス・ガースナー(Louis V. Gerstner, Jr.)は、一九四二年合衆国ニューヨーク州の生まれ。ダートマス大学工学部を卒業後、一九六五年ハーバード・ビジネス・スクールでＭＢＡを取得。同年コンサルタント会社マッキンゼーに入社。その後、一九七七年にアメリカン・エキスプレスに旅行関連サービスグループの責任者として入社。さらに一九八九年、ＲＪＲナビスコ最高経営責任者(ＣＥＯ)に就任。一九九三年、ＩＢＭ再建のため、数々の著名な候補者のなかから白羽の矢を立てられ、同社会長兼ＣＥＯに就任。その後、強力なリーダーシップによって数年のうちにＩＢＭ再建を果たし、二〇〇二年にサミュエル・パルミサーノに後任を託して退任。〔Gerstner, L. V., Jr. (2002)：邦訳、の著書紹介による。〕

※　サミュエル・パルミサーノ(Samuel J. Palmisano)は、一九五一年合衆国メリーランド州の生まれ。ジョーンズ・ホプキンス大学を卒業後、一九七三年にＩＢＭに入社。一九九七年にパーソナル・システムズ・グループ、九八年にＩＢＭグローバル・サービス、九九年にエンタープライズ・システムズのそれぞれの上級副社長兼グループ責任者に就任。二〇〇〇年九月、ガースナー会長から社長兼ＣＯＯに指名される。ガースナーの退任後、ＩＢＭ会長兼ＣＥＯに就任。パルミサーノは、合衆国競争力協議会のもとでのレポート作成委員会の議長を務め、二〇〇四年一二月に出されたレポート、*Innovate America: Thriving in a World of Challenges and Change* は、通称『パルミサーノ・レポート』と呼ばれている。〔Palmisano, S. J. (2004)：邦訳、の著者紹介による。〕

2　戦後ＩＢＭの成長
——一九五〇〜七〇年代

(1)　コンピュータの「世代」交代とガリヴァの形成

一九九〇年代ガースナーのＩＢＭ改革をのべようとすれば、やはりそれに先立つ戦後ＩＢＭの成長の歴史と、そのなかでなぜ一九九〇年代に抜本的な建て直しを求められるような局面に直面したのかについて、少しくわしく触れておかなければならない。

コンピュータ事業参入

ＩＢＭは、一九一一年、タイム・レコーダ、柱時計、計量器、パンチカード式製表機をそれぞれ製造する四つの企業が合併してできたＣＴＲ(Computing-Tabulating-Recording Co.)という会社を出発としている。この会社は、事実上その創業者となったトーマス・ワトソンＩ世(Thomas J. Watson, Sr.)の手によって、事業の中心がパンチカード式製表機事業にしぼられ、一九二四年、社名も現在のInternational Business Machinesに改められた。そして、戦前には、パンチカード・システム事業において世界的に圧倒的に力をもつようになっていた。

しかし、ＩＢＭがパンチカード・システム市場で圧倒的な支配力をもつようになっていた背後で、情報処理機器の世界では技術的な大革命が胎動し始めていた。コンピュータの登場である。第二次大戦中から戦後にかけて、ＩＢＭもその一翼を担いつつ、コンピュータの開発が急ピッチで進んだ。そして、一九五一年、ＩＢＭの最大のライバル企業レミントン・ランドが商品としての第一号コンピュータＵＮＩＶＡＣⅠを世に送った。これによって、コンピュータ産業の歴史の幕が切って落とされた。レミントン・ランドに遅れること二年、一九五三年に、ＩＢＭもコンピュータ産業に参入した。

当時のＩＢＭの社長ワトソンⅠ世は、一方でコンピュータの開発を支援しつつも、コンピュータが産業として成り立つかどうかについては懐疑的で、四〇年代末にはＩＢＭはコンピュータ産業への参入に必ずしも積極的ではなかったといわれる。そのＩＢＭが五〇年代に入って、急速にコンピュータ事業へ方向転換を進めていくことになったのには、情報処理機器市場の動向の急変と同時に、このような動向に敏感だったトーマス・ワトソンⅡ世が、ワトソンⅠ世に代ってＩＢＭ経営のイニシアチブを取るようになったことが大きかった。

参入後のＩＢＭのコンピュータ事業の成長は急速で、一九五六年には設置台数、受注台数いずれにおいてもＵＮＩＶＡＣのスペリー・ランド(レミントン・ランドはスペリーと一九五五年合併し、スペリー・ランドとなった)をはるかに追い抜き、コンピュータ市場の主導権を握り、五〇年代末には市場の約八〇％を占めるようになった。この過程で、ＩＢＭ７０１に続いて、一九五四年に出されたＩＢＭ６５０は、旧時代のパンチカード・システム改良版といってもよいものであったが、これが大人気を呼び、「第一世代」コンピュータの代表機種となった。一九五九年のピーク時には、全米のコンピュータ設置総台数三、一〇〇基のうち、半分近い約一、五〇〇基を650が占めたといわれる。

コンピュータ「第一世代」は論理素子として真空管を使用する段階であったが、「第二世代」は、トランジスタを使用するようになる段階である。この「世代」は、一九五八年、再びスペリー・ランドがトランジスタを使った中型コンピュータUNIVACソリッドステート・コンピュータを導入したことで始まった。

これに対して、IBMは二年遅れて一九六〇年に、オールトランジスタ・コンピュータIBM7070を導入してこれに対応した。その後、7000シリーズの展開および1400シリーズの導入によって、その支配的地位を維持した。とくに1400シリーズは、導入とともに顧客の幅広いニーズを満たして人気を呼び、650が「第一世代」の代表機種となったように、「第二世代」の代表機種となった。全米のコンピュータ設置総台数が一万六、七〇〇基に達した一九六四年当時、そのうちの約六、三〇〇基を1401(1400シリーズの最初の機種)が占めていた。

システム360の導入

「第三世代」は、集積回路(IC)を使うようになる段階である。この「世代」は、一九六五年、IBMが有名なシステム360シリーズを導入したことで始まった(発表は一九六四年)。この「世代」の開始ではじめて、IBMは「世代」交替の主導権を取ることになった。また、この360シリーズの導入に

IBMシステム360テスト工場風景(IBM, *Think*, Sept. 1989, p.52.)

至ってはじめてコンピュータの一般的な普及に拍車がかかることになった。３６０シリーズがＩＢＭおよびコンピュータ産業全体の歴史にもった画期的な意義は、今日に至っても語り継がれている。

「五〇億ドルの賭け」といわれたこの３６０シリーズの成功は、ＩＢＭのコンピュータ産業における支配的地位を確固たるものとした。ただ、導入された当初の３６０シリーズは、まもなく一般的なものとなるモノリシック(単体型)集積回路を使ったものではなく、その走りとしてのハイブリッド(混成型)集積回路を使ったものに止まった。

一九六〇年代後半以降、集積回路技術の発展はめざましく、モノリシック集積回路が支配的なものとなるとともに、さらにその稠密化の度合いが急速に進み始めた。当初は一チップあたりの素子の集積度が一〇〇に満たなかったものが(小規模集積回路)、一〇〇〜一、〇〇〇の時代(中規模集積回路)を経て、一九七〇年代には一、〇〇〇〜一〇万の時代(大規模集積回路：ＬＳＩ)に入り、さらに一九八〇年代には素子集積度が一〇万を超えて一〇〇万台に達する超大規模集積回路（超ＬＳＩ）の時代を迎えた（ちなみに、現在二〇〇〇年代は、一〇億から一〇〇億台に達するウルトラＬＳＩの時代といわれる）。

このような集積回路の発展に対応して、コンピュータの仕組みや性能も大きく変化・発展していくことになったが、この点でもっとも注目しなければならないことは、これによってコンピュータ産業の構造がそれまでのいわば単層的なものから多層的なものへ大きく変質したことである。一九六〇年代半ばまではコンピュータといえば汎用コンピュータといってよかったが、一九六〇年代後半になると、ＩＢＭが約七〇％という圧倒的な支配力をもつ汎用コンピュータ市場に対して——それ自身さらに超大型、大型、中型、小型、などの市場に細分化されたが——、特定の用途、たとえば科学技術計算やプロセス制御向けに設計された、ミニ・コンピュータと呼ばれる小型コンピュータの市場が形成されるようになった。

コンピュータ小型化と市場の多層化

一九七〇年代に入り、ＬＳＩの利用が一般化すると、一方ではミニ・コンピュータとは逆に一般事務処理向けに設計されたオフィス・コンピュータと呼ばれる小型コンピュータの市場が形成された。さらに、ミニ・コンピュータやオフィス・コンピュータよりもさらに一まわり小型で個人利用向けの汎用コンピュータとして、パーソナル・コンピュータ（パソコン）の市場が形成された。こうして、コンピュータ産業は、多層的な市場構造をもつものに発展してきた。

このようなコンピュータ産業の構造変化のなかで、六〇年代後半以降ＩＢＭは、伝統的な汎用コンピュータ市場では３６０シリーズで固めた基盤の上に、依然として市場の七〇％近くを支配する隔絶したリーダーとしての地位を維持した。しかし、他方、新生の小型コンピュータ市場では、むしろ後発企業として、汎用コンピュータ市場で占めるような隔絶した地位を占めることにはならなかった。

汎用コンピュータでは、ＩＢＭは、一九七一年に３６０シリーズの後継機種として３７０シリーズを導入した(発表は一九七〇年)。この３７０シリーズは、記憶装置にこれまでのコア・メモリーに代えて集積回路メモリー(半導体メモリー)を採用したことや、プログラマーが中央処理装置のメモリー容量の限界に制約されずにプログラムを組むことができるいわゆるバーチャル・ストーレジ・システム(仮想記憶システム)を導入したことで、３６０シリーズを大きく革新するものであり、「第三・五世代」のコンピュータと呼ばれた(しかし「第四世代」と呼ばれていないのは、「世代」交替のポイントである論理素子や製品構想の点で画期的な飛躍が認められなかったからである)。

その後、一九七八年に大型機種としての３０３Ｘシリーズ、一九七九年に中・小型機種としての４３００シリーズ、八一年からは新しい大型機種としての３０８Ｘシリーズを導入していくが、４３００シリーズからは超ＬＳＩが採用されることになった。この４３００シリーズおよび３０８Ｘシリーズの導入に至って、コンピュータはようやく「第四世代」を迎えることになったといわれた。

こうして、ＩＢＭは、汎用コンピュータについては、３６０シリーズ以降つぎつぎに革新機種を先駆的に導入しながら市場での隔絶したリーダーとしての地位を確保し続けた。

他方、一九六〇年代後半以降形成されてきた小型コンピュータ市場では、一九七〇年にシステム3とシステム7を導入したのを皮切りに、各種のレベルの小型コンピュータを導入した。しかし、この小型コンピュータ市場への進出では、IBMは大きく立ち遅れ、苦戦を強いられた。

しかし、パソコンについては、一九八一年八月、その名も「ザ・IBMパーソナル・コンピュータ」と銘打った新機種を発表した。これによって、パソコン市場では、一九八一年から八三年の間に各社の位置が大きく変動して、IBM社が一躍首位に躍り出た。このパーソナル・コンピュータの開発とその効果については、改めて3でのべる。

(2)　売上高・純利益・売上高純利益率
――一九五一～一九八五年

以上のような一九五〇～八〇年代年代の事業展開を経営業績の面からみておく。

表Ⅲ−1が示しているように、IBMは一九五〇年代以降八〇年代半ばに至るまで、その売上高を、一九六九、七〇、七九年の三年を除けば、毎年一〇%を超える増加率で成長させ続けてきており、年平均では約一五%の成長を実現した。一般の企業の成長率は、売上高の絶対額が大きくなるにしたがって鈍ってくる場合が多いが、IBMの場合には、売上高が一〇億ドルに満たなかった時代からそれが四〇〇億ドルを超えるまで、幾分かの高低はあっても平均的にはその成長ペースを維持していた。

純利益の成長についても、状況は同じである。純利益の場合には売上高の場合よりも成長率の上下

表Ⅲ－１　ＩＢＭ経営業績推移(1951-1985年)　(単位：100万ドル)

年	売上高	純利益	売上高 純利益率
1951	267	28	10.5%
1952	334	30	9.0%
1953	410	34	8.3%
1954	461	47	10.2%
1955	564	56	9.9%
1956	892	87	9.8%
1957	1,203	110	9.1%
1958	1,418	152	10.7%
1959	1,613	176	10.9%
1960	1,817	205	11.3%
1961	2,202	254	11.5%
1962	2,591	305	11.8%
1963	2,863	364	12.7%
1964	3,239	431	13.3%
1965	3,573	477	13.4%
1966	4,248	526	12.4%
1967	5,545	652	11.8%
1968	6,889	871	12.6%
1969	7,197	934	13.0%
1970	7,507	1,018	13.6%
1971	8,274	1,079	13.0%
1972	9,533	1,279	13.4%
1973	10,993	1,575	14.3%
1974	12,675	1,838	14.5%
1975	14,437	1,990	13.8%
1976	16,304	2,398	14.7%
1977	18,133	2,719	15.0%
1978	21,076	3,111	14.8%
1979	22,863	3,011	13.2%
1980	26,213	3,397	13.0%
1981	29,070	3,610	12.4%
1982	34,364	4,409	12.8%
1983	40,180	5,485	13.7%
1984	45,937	6,582	14.3%
1985	50,056	6,555	13.1%

(出所) IBM, *Annual Report* による。

はより大きく、一九七九年には一度マイナス成長も経験している。しかし、この二七年間の年平均成長率は一六・五％近くにのぼっており、売上高以上の成長率を示した。

ＩＢＭ成長は、合衆国企業史におけるもっともエキサイティングな物語の一つであるといわれたように、確かにＩＢＭの第二次大戦後の成長は、数ある合衆国巨大企業の劇的な成長史のなかでも、もっとも驚異的なものの一つであった。

戦後、このような急成長を遂げてきたＩＢＭは、合衆国巨大企業群のなかで占める位置も大きく浮上させた。『フォーチュン』誌の全米鉱工業企業ランキングでみると、一九五四年(この年の分から『フォーチュン』誌のランキングが発表されている)にはまだ六一位を占めるに止まったが、六〇年二七位、六五年九位、七〇年五位、七五年七位、八〇年八位と、七〇年代には順位一けた台のランクにまで急上昇し、さらに八三年には五位に浮上している。

このようなＩＢＭの一九八〇年代までの急速な成長は、ＩＢＭが属する電気・エレクトロニクス産業という一つの産業のベースの上では、一九世紀末以来この産業に君臨してきたＧＥとの競争で、これを追い抜くプロセスでもあった。一九五四年『フォーチュン』誌のランキングでＩＢＭがやっと六一位を占めていた時、ＧＥはすでに四位に位置する代表的な合衆国巨大企業の一つであった。この時点でのＩＢＭの売上高は四億六、一〇〇万ドルで、ＧＥの三三億三、五〇〇万ドルの七分の一程度のものであった。

しかし、その後のＩＢＭの持続的な急成長の結果、一九七五年にはＩＢＭの売上高がＧＥのそれを上まわり、『フォーチュン』誌でのランクは、ＩＢＭ七位、ＧＥ九位と逆転した。ＧＥからみれば、このようにＩＢＭに売上高を追い抜かれるプロセスは、実体的な側面では一九六〇年代を通してＩＢＭの支配するコンピュータ産業への参入を計り、結局失敗したプロセスでもあった（このことについては、坂本和一（一九九七）、第五章であきらかにしているので、参照されたい。ちなみに、その後一九九〇年代に両社のランクは再逆転し、現在二〇〇六年のランキングでは、ＧＥ七位、ＩＢＭ一〇位となっている）。

〔以上、一九五〇～八〇年代のＩＢＭについては、Sobel(1981)、坂本和一（一九八五）を参照〕

3　ダウンサイジング、オープン・システム化のなかのＩＢＭ
――一九八〇年代

一九八〇年代に入ると、ＩＣ技術の急激な発展とともに、コンピュータ産業の構造は急激な変化をみせ始め、とくに八〇年代後半から九〇年代に入ると、それが一九五〇年代初めのコンピュータ産業成立以来の、歴史を画する産業大変動の様相を示してくる。

この変動の基本は、いわゆる「ダウンサイジング」と「オープン・システム化」の流れである。これらの動きが、それまでの汎用コンピュータ中心のコンピュータ産業の世界を大きく転換させることになった。

このような構造変動は、汎用コンピュータ産業そのものの世界での変動とあいまって、コンピュータ産業でのＩＢＭによる「ガリヴァ支配」の時代を終わらせ、オープン・システムにもとづく新しい競争の時代をつくり出すことになった。

ここでは、このようなコンピュータ産業の構造変動を現出した一九八〇年代以降のダウンサイジング、オープン・システム化の動きと、これに対するＩＢＭの対応をみておく。

(1) 急潮化するダウンサイジングとオープン・システム化

ダウンサイジングとは何か

ダウンサイジングとは、市場現象的にいえば、コンピュータ産業全体のなかで、これまで中核であった汎用コンピュータやミニコンピュータの比重が低下し、代わってパソコンやワークステーションなどのデスクトップ型の小型コンピュータの比重が大きくなっていく現象であった。これには、この間のＩＣ技術の急激な進歩で、パソコンやワークステーションのハードウェアの性能が大幅に上昇してかつての汎用大型コンピュータ・レベルの能力を備えるようになり、さらに価格低下によってその価格・性能比が汎用コンピュータを大きく凌ぐ勢いで上昇したことが背景となっている。これまでだったら汎用コンピュータの更新や増設をするような場合にも、パソコンやワークステーションで十分必要を満たせる条件がつくられてきたわけである。

パソコンやワークステーションなどのデスクトップ型コンピュータの出荷額の比率は、一九八五年の二二・九％から八八年にはミニコンピュータを凌ぐ三一・二％に達し、さらに九二年には三八・〇％に達して、汎用コンピュータを上回った。

もとより、コンピュータ産業の歴史は、これまでみてきたように、ミニコンピュータが出現した一九六〇年代以降一貫してハードウェアの小型化の歴史であった。したがって、ダウンサイジングも一面では、ＩＣ技術の進歩を基盤としたそのようなコンピュータ産業の歴史の流れの一局面であるといえる。

しかし、ダウンサイジングということが大きく問題とされたのは、それが単にコンピュータ・ハードウェアの小型化という現象に止まらないものをもっていたからである。つまりそれは、より深く、コンピュータにもとづく情報処理の分野で起こりつつある本質的な変化を意味していた。それは、一言でいえば、「情報システム・パラダイムそのものの革新」であった。

情報システム・パラダイムの革新――中央集権型・集中制御型から分散処理型へ

一九八〇年代後半から九〇年代にかけて、コンピュータにもとづく情報システムは、ハードウェアの小型化と多様化、高性能化を基礎に、一大変革期を迎えた。その核心は、これまでの「中央集権型・集中制御型」から、「分散処理型」への情報システムへの転換であった。

コンピュータにもとづく情報システムの本格的な構築は、IBMシステム360を嚆矢《こうし》とする「第三世代」に始まる。以降、コンピュータにもとづく情報システムは大きな発展をみてきた。しかし、一九八〇年代までの情報システムの基本的な特徴は、設計思想として、中央集権的で集中制御型のシステムである点にあった。したがって、このような情報システムの思想のもとでは、ダウンサイジングも、結局、ホスト・コンピュータを汎用コンピュータからミニコンピュータやオフィスコンピュータにおき換えるというレベルの転換に止まった。また分散処理化の展開も、ホスト・コンピュータと端末に分散処理コンピュータを介在させた形の展開に止まり、ホスト・コンピュータを頂点とする中央集権型・集中制御型のシステムという基本的な性格に変りはなかった。

一九六〇年代以降八〇年代に至るまでの、このような情報システムの性格を規定してきたのは、ＩＢＭシステム３６０を嚆矢とする、いわゆる単一製品ライン(ファミリー・マシン・コンセプト)にもとづく製品展開であった。

もとより、ファミリー・マシン・コンセプトにもとづく「第三世代」以降の時代には、機種変更が全面的なプログラムの見直し、再構築を必要とした「第二世代」の時代とは異なり、コンピュータ・アーキテクチュアの統一により、小型・大型間や新・旧機種間でのプログラムの互換性、継続性が実現された。これによって、情報システムの進化、つまり大規模化と高度化が可能となった。

しかし、このようなプログラムの互換性、継続性の実現も、結局、それぞれのファミリー・マシン独自の世界の範囲内に止まらざるをえなかったところに、それまでのコンピュータの限界があった。クローズド・システムのファミリー・マシンを前提とする限り、それを前提とする情報システムは、勢い、汎用・大型コンピュータをホスト・コンピュータとする中央集権型・集中制御型のシステムの性格をもたざるをえなかったのである。

しかし、一九八〇年代以降、ＩＣ技術の進歩を基礎に、コンピュータ・ハードウェアの小型化と多様化、高性能化がすすみ、とくに高性能のパソコンとワークステーションが急激な普及をみせるとともに、これまでホスト・コンピュータとしての汎用コンピュータが果たしてきた役割の多くを分散して果たせる技術的条件が生み出されてきた。また、コンピュータ・ユーザーのサイドからは、これまでホスト・コンピュータに集中していた機能を機能別・用途別に最適な、多様なコンピュータに分散し、それらを相互接続・相互運用した方が効率的であるという、分散処理型システムへの欲求が強まってきた。さらにその場合にも、特定のメーカー(ベンダー)にこだわらず、それぞれに機種について最適のベンダーを選択・組み合わせる、マルチベンダー化の動きが強まった。

こうして、コンピュータ・ハードウェアのダウンサイジングは、単にそれだけに止まらず、これまでの中央集権型・集中制御型の情報システムの設計思想を大きく転換して、新たな分散処理型の情報システムを構築する技術的な条件と、それに対するニーズをつくり出した。つまり「情報システム・パラダイムそのものの革新」をすすめた。ここに、ダウンサイジングがもつ、より深い意味があった。

このような、機種もメーカーも異なる、多様なプロセッサからなる分散処理型情報システムの構築の絶対的な条件は、いうまでもなくオープン・システム化であった。

オープン・システム化とはなにか

コンピュータ産業の構造変動を引き起こしたもう一つの流れは、このオープン・システム化であった。

コンピュータというものは、それまではメーカー各社の独自のアーキテクチュアにもとづいて設計されており、クローズド・システムが基本であった。したがって、それまではメーカーが異なればOS(オペレーティング・システム)が異なり、そのため異機種のコンピュータ産業同士の接続はほとんど不可能であった。ユーザーにとっては、せっかく開発したソフトウェアも他のメーカーのコンピュータの上では利用できないということが当然のこととされてきた。

コンピュータ産業成立以来の汎用コンピュータ市場でのＩＢＭのガリヴァ支配は、まさにこのクローズド・システムのメリットを最大限に活かした結果であった。このようなクローズド・システムのもとでは、あるメーカーがいったん圧倒的な市場シェアを確保すると、このメーカーの基準、つまりＯＳが事実上の産業基準として作用し、これに別のＯＳにもとづくシステムで対抗するのは容易なことではないからである。

しかし、一九八〇年代以降、ＩＣ技術の進歩を基礎として、ハードウェアのダウンサイジングの進展と分散処理型情報システムへのニーズの高まりがつくり出されると、さらに当然のこととして、オープン・システム化を強く求める動きが生まれてきた。

こうして、一九八〇年代後半以降のコンピュータのオープン・システム化への動きは、ダウンサイジングの動きと表裏一体の関係で展開した。

このオープン・システム化をすすめる現実的な基盤となったのは、ＵＮＩＸと呼ばれる新しいＯＳの活用であった。

(2)　ＩＢＭの挑戦

以上のような、ダウンサイジングとオープン・システム化が急展開する一九八〇年代以降の新しい環境のなかで、汎用コンピュータ界のガリヴァ、ＩＢＭはどのような対応を示したであろうか。
汎用コンピュータ市場では、ＩＢＭは、断然トップのリーダーであった。しかし、ダウンサイジングとオープン・システム化の進む新しいコンピュータの世界では、ＩＢＭは、汎用コンピュータ市場とはまったく逆に、挑戦者であった。

パソコン市場への参入と展開

一九七〇年代半ば以降、マイクロプロセッサの開発を基礎にして、ミニコンピュータよりもさらに小型の、デスクトップ型のパソコンが登場し、この市場に多数のベンチャー企業が殺到した。一九八〇年代に入ると、このパソコン市場の拡大はいよいよ本格化し、さらに急速な拡大を示すことになった。

このようなパソコン市場の動きに対して、一九七〇年代末までのＩＢＭの対応は、必ずしも機敏なものではなかった。ＩＢＭも一九七五年には５１００というデスクトップ型の小型コンピュータを発表しており、対応そのものがまったくなかったわけではない。しかし、これは、その後、アップル・コンピュータをはじめとするベンチャー企業が発表したパソコンに比べると、機能的に大きく立ち遅れており、市場での地歩を固める力をもつものではなかった。

ＩＢＭは、一九八〇年を迎えて、パソコン市場への本格的な対応を急遽すすめた。このために、フロリダ州ボカラトンに活動拠点をおくゼネラル・ビジネス・グループのもとに、パソコン開発のための独立事業単位（ＩＢＵ）がつくられた。ＩＢＭが、一つの製品を開発するためにこのような独立事業単位の形をとるのは、これが初めてのことであった。

パソコン開発ＩＢＵは一九八〇年秋に本格的に活動を開始し、ＩＢＭの製品開発としては異例のスピードで、一年後の八一年八月、「ザ・ＩＢＭパーソナル・コンピュータ」（ＩＢＭ－ＰＣ）と呼ばれるパソコンを発表した。こうして、ＩＢＭは、本格的にパソコン市場に参入した。

ＩＢＭは、パソコン事業への参入に際して、これまで同社がとってきた伝統的な自前主義の経営戦略を大きく転換して、企業提携による大幅な外注方式の採用に踏み切った。具体的には、

①ハードウェア製造の大半を、外部メーカーに委託する、
②ＯＳの開発は、マイクロソフトに委託する、
③販売については、自社の販売ネットワークだけではなく、シアーズ・ローバックやコンピュータ・ランドなどの小売業者を利用する、
④オープン・アーキテクチュア方式をとり、ハードウェア規格を公開してコンパチブル周辺機器やアプリケーション・ソフトの外部製造・開発を促進する、

などの新しい戦略が取り入れられた。

外注方式の事業展開のなかで、後に、ＩＢＭの戦略展開に甚大な影響をもたらすことになるのは、一つは、マイクロプロセッサをインテル製に依拠したことであり、もう一つは、オペレーティング・システムの開発をマイクロソフトに委託したことである。

ＩＢＭは、このパソコンの開発に際して、その心臓部分を成すマイクロプロセッサに外部メーカー、インテルの一六ビット・マイクロプロセッサを採用した。

さらにＩＢＭは、このインテル製マイクロプロセッサに対応するＯＳの開発をマイクロソフトに委託した。周知のように、マイクロソフトは、当時、ビル・ゲイツとポール・アレンという二人の天才青年に率いられたベンチャー企業であった（当時は、まだ社名をシアトル・コンピュータ・プロダクツといった）。このマイクロソフトがＩＢＭ－ＰＣ用に開発したＯＳが、ＭＳ－ＤＯＳであった。

こうして、製品開発のスピードの点でも、事業戦略の点でも、これまでになかった新しい対応をしたことによって、ＩＢＭは、パソコン市場では進出の遅れを急速に取り戻した。一九八〇年の時点では、ＩＢＭは、デスクトップ・コンピュータとして分類される小型コンピュータ市場での出荷金額で、この市場の「御三家」といわれたアップル・コンピュータ、タンディ、コモドール・インターナショナルのはるか後塵を拝していたが、一九八三年には一躍第一位に躍り出て、市場の主導権を握った。

さらに、ＩＢＭがパソコン事業ではオープン・アーキテクチュア戦略をとり、ハードウェア規格を公開したことによって、ＭＳ－ＤＯＳは事実上一六ビット・パソコン市場の標準ＯＳとなった。

一九八一年に出されたＩＢＭ－ＰＣは、大方の予想をはるかに超えて成功した。とくに、そのアーキテクチュア規格を公開したことは、事実上これをパソコン市場の標準規格とした。

しかし、これは同時に多数のコンパチブル・メーカー（いわゆるクローン・メーカー）を生み出した。これらのコンパチブル・メーカーは、売上高の一％をロイヤルティとしてＩＢＭに支払わなければならなかったが、開発費なしで業界標準マシンをＩＢＭより安価に売ることができたため、このコンパチブル市場は急速に成長し、ＩＢＭの地位を脅かすことになった。

このようななかで、ＩＢＭは、一九八七年四月、新機種、ＰＳ／２を発表した。ＩＢＭはＰＳ／２の導入にあたり、オペレーティング・システムの革新を図り、新たにマイクロソフトと共同開発したＯＳ／２を採用した。

それまで隆盛を極めてきたＭＳ－ＤＯＳに換えて、新たにＯＳ／２を採用するに至ったのは、パソコンの利用が本格化してきて、在来のＭＳ－ＤＯＳではこなしきれないような、より複雑で、より大規模なアプリケーション・プログラムが出現し、それらを動かす必要が出てきたからであった。

またＩＢＭでは、つぎにのべるように、大型汎用コンピュータからパソコンまでの各レベルのコンピュータ・アーキテクチュアの統合化を実現するＯＳ体系の整備が求められていた。そして、これに応えるものとして、一九八七年、アーキテクチュア統合体系、ＳＡＡ（システムズ・アプリケーション・アーキテクチュア）が発表された。したがって、パソコンのＯＳもこれに準拠したものとして整備されなければならなくなっていた。

SAAか、UNIXか

ＩＢＭコンピュータの全体系は、一九九〇年時点で、つぎのような、四つの異なるアーキテクチュアから成り立っていた。

第一は、汎用コンピュータ群を形成する、システム３９０系。
第二は、小型コンピュータ群を形成する、ＡＳ／４００系。
第三は、ワークステーションを形成する、ＲＳ／６０００系。
第四は、パソコンを形成する、ＰＳ／2系。

しかし、こうしてアーキテクチュアが異なっているため、ＩＢＭのコンピュータの体系を構成するそれぞれのレベルのコンピュータは、ソフトウェアの互換性を欠き、各系列ごとに独自のソフトウェアを開発しなければならないことになった。また、当然、他レベルのコンピュータへの移行にも困難が伴った。そこで、汎用コンピュータ群が一つのアーキテクチュアで統一されているだけではなく、さらに、汎用コンピュータ・レベルからパーソナル・コンピュータ・レベルまで、全体系が一つのアーキテクチュアで統一されていることが、本来必要となった。

しかし、すでに歴史のなかで蓄積されてきたそれぞれ異なるアーキテクチュアを改めて統一することは、容易なことではなかった。そこで、現実に追求されうるのは、すでに存在するアーキテクチュアを前提としたうえで、それらのうえに同一のアプリケーション・ソフトウェアが使えるようにする、統一的なインターフェイスの開発であった。

一九八七年三月、このような課題に応えるものとして、ＳＡＡが発表された。ＳＡＡは、ＩＢＭの既存のハードウェアとオペレーティング・システムのうえで、同一のアプリケーション・ソフトウェアを使えるようにするための統一されたインターフェイスを用意するものであった。

しかし、同じＩＢＭのなかで、ＳＡＡによるＩＢＭ独自の世界の構築とはまったく逆のアーキテクチュア統一化の動きもすすんだ。それは、オープン・システム化の動き、つまりＵＮＩＸ対応のＯＳ開発の動きであった。

ＩＢＭは、マシンの多様化がすすむコンピュータ産業環境のなかでも、「自社製品だけでシステム環境を提供できる」として、それまでかたくなに自社独自のＯＳにこだわってきた。しかし、ＵＮＩＸ採用によるオープン・システム化の大きな流れのなかで、ＩＢＭもこのこだわりを捨てざるをえなくなったわけである。

こうしてＩＢＭは、ダウンサイジングとオープン・システム化というコンピュータ産業の怒濤のような環境変化のなかで、一方では歴史の重荷を引きずる独自のＳＡＡの世界と、オープン・システム化を直接取り込むＵＮＩＸ対応の世界という、二つの世界を並立させながら、新しいコンピュータ産業環境への必至の「挑戦」を図ろうとした。

〔以上、ダウンサイジング、オープンシステム化の下でのＩＢＭについては、坂本和一（一九九二）、飯塚郁郎（一九九三）、下田博次（一九九四）、栗田昭平（一九九四）、を参照〕

4　エクセレント・カンパニーIBMの危機
――会長交代

(1)　危機に立つIBM

経営業績変調

ダウンサイジングとオープンシステム化という怒涛のような環境変化のなかで、一九八〇年代後半以降、IBMはこれに対応するさまざまな挑戦を試みてきた。それは、三〇年間にわたりコンピュータ産業の盟主として一貫して業界を主導してきたIBMには、これまで経験したことのない挑戦の連続であった。

しかしそれらの挑戦にもかかわらず、**表Ⅲ-2**が示すように、一九八五年以降、IBMの経営業績は急激に変調をきたし、九〇年代に入ると一転して純利益がマイナスに落ち込むことになった。

IBMは、戦後コンピュータ企業に変身して以来、一九八〇年代半ばまでの三十数年間、とくに一九五〇年代半ば以降、総売上高、純利益共に、毎年二桁ないしそれに近い成長を持続し、一〇%を超える売上高純利益率を実現してきた。「合衆国企業史上におけるもっともエキサイティングな物語の一つ」といわれるような、華々しい成長、発展を実現してきた八〇年代までのIBMを知るものには、それは信じがたい状況の現出であった。

一九八五年、八六年、それまでほぼ一〇％前後の成長を示してきた純利益は、一転して停滞に転じ、それまで二五年間にわたり一三％前後を実現してきた売上高純利益率は一桁に落ち込んだ。そして一九九一年、純利益そのものが二八億ドルのマイナスに落ち込み、さらに九二年には五〇億ドル、九三年には実に八一億ドルの赤字を記録した。一九九〇年代初頭のこの三年間の連続、しかも年ごとに倍増する赤字幅の拡大は、かつてのエクセレント・カンパニーIBMに何が起こっているのか、産業界のみならず、世界中の社会的注目を集めた。

業績変調の背景①――「クローズド・システム」時代の終焉

一九九〇年代に入って、こうして現出することになったIBMの危機の背景については、これまでも多くの人々によって論じられてきた。それらに共通しているのは、かつてのエクセレント・カンパニーIBMも急進するダウンサイジングとオープンシステム化の流れに対応できず、新展開する多様な市場で競争力を確立できなかったとするものである。

遡れば、一九七〇年代以降、特に電子デバイスIC技術の急速な進展と共に、コンピュータ産業の多様化、多層化がすすむなかで、すでに見てきたようにIBMもその都度、それへの対応を図ってきた。その過程では、当初新分野への進出に積極的でなかったり、遅れたりしたケースもみられたが、

表Ⅲ－２　ＩＢＭ経営業績推移（1985-2005年）　（単位：100万ドル）

年	売上高	純利益	売上高 純利益
1985	50.056	6.555	13.1%
1986	51.250	40789	9.3%
1987	54.217	5.588	10.3%
1988	59.681	5.806	9.7%
1989	62.710	3.758	6.0%
1990	69.018	6.020	8.7%
1991	64.792	-2.827	-4.4%
1992	64.523	-4.965	-7.7%
1993	62.716	-8.101	-12.9%
1994	64.052	3.021	4.7%
1995	71.940	4.178	5.8%
1996	78.947	5.429	7.1%
1997	78.508	6.093	7.8%
1998	81.667	6.328	7.7%
1999	87.548	7.712	8.8%
2000	88.396	8.093	9.2%
2001	85.866	7.723	9.0%
2002	81.186	3.579	4.4%
2003	89.131	6.558	7.4%
2004	96.293	7.479	7.8%
2005	91.134	7.934	8.7%

（出所）IBM, *Annual Report* による。

ＩＢＭほどの大規模化した企業の行動としては、決して鈍重なものであったわけではなかった。ミニコンやパソコンへの進出、ワークステーションへの対応など、当初遅れたといわれながら、いったん動き出すと、短期間に一定の成果を上げてきた。

それにもかかわらず、一九八〇年代に入って急進するダウンサイジングとオープンシステム化の潮流のなかで、これに乗り切れず、それまでの伝統的な汎用コンピュータ（メインフレーム）の分野での成果も崩壊させかねないような状況に追い込まれることになった。

その基本原因は何だったのか。

この点で、改めてここで強調されなければならないのは、ダウンサイジングとオープンシステム化という二つの結びついた動きは、一言でいえば、コンピュータ産業における、いわば「文化革命」であったということである。そして、それがまさに「文化革命」であったがゆえに、ＩＢＭは、今から振り返れば、その対応に「手こずった」、――それがこの一九九〇年代初頭の危機であった、ということである。

ダウンサイジングとオープンシステム化の二つの動きは、突き詰めれば結局、コンピュータ産業の文化を、「クローズド・システム」の世界から、「オープン・システム」の世界に大転換するものであった。これに対して、ＩＢＭの文化は、まさに「クローズド・システム」の世界を代表するものであった。

一九八〇年代に至るまでのコンピュータ産業の文化は、よくいわれるように、一九六〇年代半ば、第三世代のコンピュータを代表するＩＢＭのシステム３６０がもっとも典型的に創り出したものであった。そこでは、当該の汎用コンピュータ専用につくられたＯＳがあって、同系列のコンピュータは、このＯＳでのみ稼動するように設計されていた。したがって、大型から小型まで、幅広いバリエーションを包摂する当該の汎用コンピュータを使用すれば、どのような仕事でもこなせるように仕組まれていた。しかし他方では、専用のＯＳでのみ動くことになっていたから、いったん当該のシステム、たとえばＩＢＭのシステム３６０を導入すれば、ユーザーはＩＢＭのＯＳを使い続けなければならなかった。したがって、ユーザーは、自分が使用するシステムの、広大ではあるが、閉じられたＯ

Sの世界の囲い込まれてしまうことになっていたし、他方では、メーカーはこのような形でユーザーを自らの世界に囲い込むことをマーケティングの基本において競争した。そのような世界をもっとも典型的、象徴的に確立したのが、ＩＢＭのシステム３６０であった。

ダウンサイジングとオープンシステム化は、このような「クローズド・システム」の世界を、大きく「オープン・システム」の世界に転換するものであった。そして、その媒体となったのが、ＵＮＩＸという新しい普遍性のあるＯＳの登場であったことは、すでにのべた通りである。

このような新しいコンピュータ産業文化の到来は、これまでの伝統的な「クローズド・システム」文化の大転換を迫るものであった。しかも、この文化的インパクトは、伝統的文化を自らつくりだし、これまでそれを最大の武器として業界を主導してきたＩＢＭにとって、ひときわ重たいものとして撥ね返ることになった。

文明史の世界では、それまでの覇権の最大の強みが環境の変化のなかで一瞬にして弱点に転化するケースが指摘されることがある。一九八〇年代、ダウンサイジングとオープン・システム化という環境変化に直面したＩＢＭの立場は、まさにそのようなものであったといえるかもしれない。

いずれにしても、ＩＢＭが一九八〇年代後半に直面したのは、このような新しいコンピュータ産業文化との戦いであり、ＩＢＭが次の世代に生き残ろうとすれば、自らの文化を大改革するところまで到達せざるをえないものであった。しかし、ＩＢＭ自身がこのことに踏み切るのは、一九九三年、三年連続の、しかも年々倍増する純利益赤字の現出に直面した後のことであった。

業績変調の背景②――「レンタル方式」の破綻

一九八〇年代後半、ＩＢＭの業績変調の背景としてもう一つ指摘しておかなければならないのは、一九七〇年代末から八〇年代前半に行われた販売方式の変更がもたらした結果である。

ＩＢＭはこの時期、それまでの伝統であった「レンタル方式」から「売り切り方式」に変更したが、このことが一九八〇年代、ＩＢＭの収益構造に影響を及ぼしてきていた。

レンタル方式では、いったんユーザーを確保すれば、メーカーは安定的、継続的に収益を上げることが可能となる。したがって、極端にいえば、当該年度の販売（レンタル契約）台数がゼロになっても、一定期間は安定した収入を得られるというのがレンタル方式の効果である。この方式の下で、ＩＢＭはユーザーに対しては高額のコンピュータを即金で全額支払われなくても利用可能にし、ユーザーが五五カ月のレンタル期間を終えると、装置が陳腐化する前に再び大きな負担なしで、以前の装置と互換性のある、よりパフォーマンスの高いニューモデルとリプレースできるように誘導してきた。

しかし、この仕組みを有効なものとするには、一つの前提が必要であった。それは、レンタル期間に合わせて定期的によりパフォーマンスの高いニューモデルをユーザーに提供できるということであった。

ところが、一九七〇年代半ばごろから、このレンタル方式にもとづく、いわばＩＢＭの市場管理システムにいくつかの撹乱要因が登場した。一つは、「ＩＢＭプラグ・コンパチブル・メーカー」といわれる競争者の登場である。もう一つは、ＩＣ技術の革新と競争激化を背景とする新製品導入テンポの早まりと、それに対応する開発資金ニーズの高まりであった。

ＩＢＭプラグ・コンパチブル・メーカーとは、ＩＢＭ製の汎用コンピュータ各モデルにそっくり代替できる互換機（プラグ・コンパチブル・マシン）のメーカーのことである。一九七〇年代に入ってからの汎用コンピュータ市場における注目すべき動きの一つは、アムダールやアイテルなどの、いわゆるプラグ・コンパチブル・メーカーの参入である。

プラグ・コンパチブル・メーカーの嚆矢は、アムダールであった。同社は一九七五年六月、ＩＢＭのシステム３７０のモデル１６８に対応するコンパチブル・マシーン、４７０Ｖ－６を発表して、汎用コンピュータ市場に参入した。

アムダールを設立したジーン・アムダールは「コンピュータの天才児」といわれ、かつてＩＢＭで第一世代コンピュータ、７００シリーズの設計に貢献した人物であった。かれは一九五五年、いったんＩＢＭを去ったが、六〇年、システム３６０計画推進のために再度ＩＢＭに復帰し、システム３６０設計でも中心人物であった。しかし、技術者としてのジーン・アムダールは、一九七〇年九月、販売志向、標準化志向のＩＢＭでは自分の理想のコンピュータを実現できないとの思いから、再びＩＢＭを去り、自らの手でアムダールを設立した。そして五年後、ＩＢＭシステム３７０の最上位モデル１６８に対応するコンパチブル・マシーン、４７０Ｖ－６を世に送ったわけである。

アムダールの４７０Ｖ－６の成功は、その後相次いでＩＢＭプラグ・コンパチブル・メーカーを登場させることになった。日本では、富士通、日立製作所がプラグ・コンパチブル・メーカーの有力な一員となった。特に富士通は、アムダールのパートナーとして、コンパチブル・マシーン開発の原動力となった。

システム360の後継マシン、370が出荷された一九七一年には、IBMは汎用コンピュータの合衆国市場では九〇％のシェアを占めていた。ところが、一九七〇年代後半から八〇年代はじめには、プラグ・コンパチブル・メーカーに市場を蚕食され、一時はシェアを五〇％台にまで落とすことになった。

IBMプラグ・コンパチブル・メーカーの登場を軸とする競争の激化は、他方、新製品導入テンポの早まりとそれに対応する開発資金ニーズの高まりを促迫した。一九七〇年代はじめまでは、汎用コンピュータの製品導入テンポの管理はIBMの掌中にあり、IBMとそのユーザーの相互利益享受関係に食い込んでシェアを獲得しようとすれば、どうしてもIBMのプロダクト・サイクルの筋書きのラインに乗らなければならないという状況が続いていた。

しかし、一九七〇年代半ば以降、中核の汎用コンピュータ市場ではプラグ・コンパチブル・メーカーとの競争が激しくなり、さらに汎用コンピュータ市場の外に拡がる各種小型コンピュータ市場への対応も急がれることになってきた。IC技術の展開を背景としたこのような市場競争の激化のなかで、新製品導入のテンポは、伝統的なIBMの汎用コンピュータのプロジェクト・サイクルを大きく越えていくことになり、これは同時にIBMの開発資金サイクルに変更を迫ったのである。

このような開発資金ニーズの高まりのなかで、ＩＢＭは、これまでの伝統的なレンタル方式から売り切り方式へ、販売方式のハンドルを切った。しかしこれは、ＩＢＭの財政基盤の安定性を次第に不安定化させていくことにつながった。

これも、ＩＢＭが市場で圧倒的な強さを有する状況では問題を生ずることはなかった。しかし、激化する市場競争、技術開発競争と、資金ニーズの高まりのなかで、販売方式の変更による財政基盤の不安定化が露呈せざるをえなくなった。市場での攻勢のため、これまでＩＢＭではタブーとされてきた値下げ戦略の採用も、これに輪をかけた。

そして決定的なことは、一九八〇年代以降のコンピュータ産業の文化革命、ダウンサイジングとオープン・システム化の進行であった。この環境の大変化は、ＩＢＭのこれまでの市場管理と資金管理のメカニズムを大きく狂わせてしまうことになったのである。

一九八〇年代半ば以降のＩＢＭの業績変調は、まさにこのことの発現であった。

(2)　会長交代

エイカーズからガースナーへ

一九九三年一月二六日、ＩＢＭは、会長兼ＣＥＯジョン・エイカーズの退任と、それに伴う、後任選考のための委員会が設けられたことを発表した。委員会は、ＧＥのジャック・ウェルチやマイクロソフトのビル・ゲイツもノミネートされた候補者リストのなかから、ＲＪＲナビスコの現役会長兼ＣＥＯであるルイス・ガースナーに的をしぼり、就任を要請した。

ＩＢＭの会長兼ＣＥＯ後任選考委員会は、「委員全員、だれが新ＣＥＯになり、どこから来るのかについて、まったく先入観をもっていない。決定的な点は指導者としての力が実証されており、変革の指導と管理に熟達していることだ」という立場から、ガースナーに白羽の矢を立てた。

当時、ＩＢＭの将来に対する社会的な評価は、つい数年前まで、世界のコンピュータ産業のみならず世界企業界最強のエクセレント・カンパニーとしてのＩＢＭの評価に慣れ親しんできたものにとっては、実に聞くに堪えないものであった。

「ＩＢＭはいまや、一九八〇年代以降に登場した主要なコンピュータ技術のほとんどで、対抗馬にすらなれていない。……大型機が一夜にして消えることはないが、この技術はもう古い。そして同社が支配している分野は縮小の一途をたどっている。巨大な恐竜は沼地の奥深くに入り込んでいき、森林は哺乳類の天下になった。いずれ、沼地がなくなる可能性もある」。「現在の問題はＩＢＭが生き残れるかどうかだ。ここまでの分析から、その見通しがきわめて暗いとみられることは確かだ」。

一例を示せば、これが一九九〇年代を迎えた時点でのＩＢＭに対する一般的な社会的評価であったと、ガースナー自身、当時の状況を分析している〔Gerstner (2002)：邦訳、二六〜二七ページ〕。

このような社会的評価が流れるなかで、ガースナーはＩＢＭ再生の大仕事を引き受け、会長兼ＣＥＯに就任した。一九九三年三月二六日、世界中に流れたこのニュースは、コンピュータ産業関係者だけでなく、一般社会的にも多くの人々を驚かせた。それは、独特の社内文化で名高いＩＢＭで歴史上初めての社外からの会長兼ＣＥＯ招聘であることもあったが、それ以上に、新任者ガースナーがこれまで、コンピュータ産業という現代のハイテク産業とは無縁の、食品会社出身のトップであったからであった。

しかし、ガースナーの名前が上がり始めたころから、アメリカン・エキスプレスやＲＪＲナビスコでの、彼のこれまでの改革実績を知る経済界の玄人筋のなかでは、「彼ならＩＢＭを立て直せるのではないか」という声が聞こえ始めていたという。「ＩＢＭのような超弩級の巨大企業の窮地を救うのは並大抵の仕事ではない。しかも相手は、誇り高い独自文化で有名な合衆国の代表企業である。このような企業の状況を根本で転換を図るには、相当な荒技が使える腕力がいる。このような仕事は、まずおそらく誰も引き受けないだろう。しかし、彼だったら、この巨大企業の状況を変革できる力があるのではないか」と。

ＩＢＭの会長兼ＣＥＯ選考委員会が白羽の矢を立てたのは、まさにこのような、「思い切った改革に腕力を期待される経営者」、ガースナーであった。

ガースナーの改革実績

一九九三年四月、ＩＢＭの新会長兼ＣＥＯの招聘されたガースナーは、九年間の在職を経て、二〇〇二年春ＣＥＯを退任し、同年末には会長も退いた（後任はサミュエル・パルミサーノ）。

表Ⅲ－３　ＩＢＭ分野別売上高推移（1996-2005年）

（単位：100万ドル）

	1996年	構成比	1997年	構成比	1998年	構成比	1999年	構成比	2000年	構成比
ハードウェア	36,350	47.9%	36,706	46.8%	36,096	44.2%	37,888	43.3%	37,777	42.7%
グローバル・サービシズ	22,310	29.4%	25,166	32.1%	28,916	35.4%	32,172	36.7%	33,152	37.5%
ソフトウェア	11,426	15.0%	11,164	14.2%	11,863	14.5%	12,662	14.5%	12,598	14.3%
グローバル・ファイナンシング	3,224	4.2%	2,935	3.7%	2,877	3.5%	3,137	3.6%	3,465	3.9%
エンタープライズ・インベストメンツ／その他	2,637	3.5%	2,537	3.2%	1,915	2.3%	1,689	1.9%	1,404	1.6%
合　計	75,947	100.0%	78,508	100.0%	81,667	100.0%	87,548	100.0%	88,396	100.0%

	2001年	構成比	2002年	構成比	2003年	構成比	2004年	構成比	2005年	構成比
ハードウェア	33,392	38.9%	27,456	33.8%	28,239	31.7%	31,154	32.4%	24,314	26.7%
グローバル・サービシズ	34,956	40.7%	36,360	44.8%	42,635	47.8%	46,213	48.0%	47,357	52.0%
ソフトウェア	12,939	15.1%	13,074	16.1%	14,311	16.1%	15,094	15.7%	15,753	17.3%
グローバル・ファイナンシング	3,426	4.0%	3,232	4.0%	2,826	3.2%	2,608	2.7%	2,407	2.6%
エンタープライズ・インベストメンツ／その他	1,153	1.3%	1,064	1.3%	1,120	1.3%	1,224	1.3%	1,303	1.4%
合　計	85,866	100.0%	81,186	100.0%	89,131	100.0%	96,293	100.0%	91,134	100.0%

（出所）IBM, *Annual Report* による。

九年前、窮地にあった合衆国の名門巨大企業ＩＢＭの救世主たるべく、関係者の輿望《よぼう》を担って登場したガースナーは、この間、どのような実績を残したであろうか。

経営者の成果と評価はまずなによりも数値で問われる。ここでもう一度前掲**表Ⅲ—2**に返り、この間の、ガースナー時代の経営業績を検証しておく。

表にみられるように、ＩＢＭの経営業績は、一九九一年から九三年の間、三年続きでＩＢＭ史上例を見ない純利益の落ち込みを経験したあと、ガースナー時代となった一九九四年からは売上高、純利益共に成長基調を取り戻し、九六年からは七〜八％台の売上高純利益率を実現した(二〇〇二年は、マクロ経済落ち込みの影響で四％台に落ちたが)。

ガースナーへのＣＥＯ交代後の、このようなＩＢＭの急速な業績回復は、これはまたこれで、社会の大きな驚きであった。九一〜九三年の三年間、毎年純利益の倍化する落ち込みが続き、ＩＢＭの収益構造崩壊の底知れない深刻さを社会的に印象づけていたことからすれば、実に鮮やかな成長軌道と収益構造の回復であった。

この背景に展開していたのは、これまたこれまでのＩＢＭの伝統からすれば信じられないような事業構造の変革であった。それは一言でいえば、ハード企業からサービス企業への大転換であった。

この間のＩＢＭの事業分野別売上高の推移をみてみると、**表Ⅲ—3**の通りである。

この表にみられるように、一方で一九八〇年代までのＩＢＭの伝統事業であったコンピュータなど情報処理機器のハード事業は、九六年の四七・九％から二〇〇五年には二六・七％に、大きく後退した。

他方、サービス事業の方は、九六年の二九・四％から二〇〇五年には五二・〇％に拡大した。

こうして、IBMの事業構成のなかで、伝統的なハード事業と新興のサービス事業のウエイトが対照的に逆転することになったが、ガースナー会長兼CEOのもとで展開した急速な業績回復の背景には、このような事業構造の大展開があったのである。

〔以上、一九八〇年代後半から九〇年代にかけての、IBMの危機については、飯塚郁郎（一九九三）、下田博次（一九九四）、Slater (1999)、Garr (1999)、Gerstner (2002) を参照〕

5　ガースナーの経営改革

(1)　ガースナーの基本方針と危機回避のための決断

それでは、ＩＢＭ史上初めての、未曾有の危機のなかで、社外から招かれた新会長兼ＣＥＯガースナーは、どのような経営改革を展開したのであろうか。

ガースナーは一九九三年四月就任早々、つぎのような自分の経営哲学と経営方法を社内にあきらかにした〔Gerstner (2002)：邦訳、四二～四三ページ〕。

第一　手続きによってではなく、原則によって管理する。

第二　われわれのやるべきことのすべてをきめるのは、市場である。

第三　品質、強力な競争戦略・計画、チームワーク、年間ボーナス、倫理的な責任の重要性を確信している。

第四　問題を解決し、同僚を助けるために働く人材を求めている。社内政治を弄する幹部は解雇する。

第五　わたしは戦略の策定に全力を尽くす。それを実行するのは経営幹部の仕事である。（中略）
第六　速く動く。間違えるとしても、動きが遅すぎたためのものより、速すぎたためのものの方がいい。
第七　組織階層はわたしにとって意味をもたない。会議には地位や肩書きにかかわらず、問題解決に役立つ人をあつめる。（中略）
第八　わたしは技術を完全に理解しているわけではない。（中略）部門責任者は、技術の言葉をビジネスの言葉に翻訳する役割を担わなければならない。

就任早々のガースナーが直面したＩＢＭの現実は、いかに破綻を回避するかという、差し迫った状況であった。この時点では、経営ビジョンを語る以前に、とにかく破綻を回避するための緊急の具体的決断が求められていた。

一九九三年夏、つぎの四つの大きな決断を下した〔Ibid.：邦訳、八四～一〇五ページ〕。

第一　会社を一体として保持し、分割しない。
第二　ＩＢＭの基本的な経済モデルを変える。
第三　ビジネスのやり方を再構築する。
第四　生産性の低い資産を売却して資金を確保する。

ガースナー自身、同上書の随所で言及しているが、四つのなかでもっとも基本的な決断は、第一の「IBMを分割しない」という決断であった。

ガースナーが就任する直前まで、IBMはその危機を回避するために、社会からも、社内的にも、分割は必至と見られていた。IBMはハードからソフトまで多様な事業を呑み込んで巨大化し過ぎた。他方社会的には、とくに一九八〇年代半ば以降コンピュータ産業では、もはや垂直的統合は古くなり、機能的に細分化した専門性の高い企業が新しい企業モデルとして登場してきている。このような新しい産業環境が進んでいるのに、いまだに巨大化した垂直的統合の体質を維持しているところに、IBMの危機の根源がある。したがって、危機を回避するには、まずその前提として、分割が避けられない、というものであった。

しかし、ガースナーは、そのようないわば通説的感覚とは別の感覚をもっていた。それは、それまでコンピュータ産業への大口顧客であったことからくるものであった。

当時、コンピュータ産業界では業態の専門化、細分化が進むなかで、これまでIBMのような統合企業が顧客に提供していた情報技術の統合機能を、顧客自身が自らの責任で実現し、自らの事業に必要なソリューションを開発しなければならなくなっていた。しかも、コンピュータ業界は標準規格のない世界であるために、技術の統合は複雑極まりない仕事となっていた。したがって、このような状況のなかでは、IBMの統合力は決して解体されるべきものではなく、むしろ事業のソリューションを求める顧客のニーズに応えるべきものであった。ガースナーは、現代の複雑な情報技術をビジネスの問題解決に応用し、統合する力をもつのはIBMしかないと考えた。このような感覚をもった背景には、ガースナーのそれまでの、コンピュータ産業への大口顧客としての経験があった。

ガースナーは、この決断をつぎのように回顧している。


「IBMを一つの会社として存続させることが最初の戦略的決定となった。わたしが下した決定のなかで、このことがもっとも重要だったと思っている。IBMにいた間だけでなく、わたしのビジネスのキャリアすべてを通しても、もっとも重要な決定だった。」〔Ibid.：邦訳、九〇ページ〕

この大決断に続いて、ガースナーはさらにIBMの基本的な経済モデルの再構築を図った。要するに、赤字の止まらない状況を前にして、まずはまともに利益の出る状況を短期間で回復させなければならなかった。そのためにできることは、当面膨張した経費の削減しかなかった。そこで、総額八九億ドルに上る大規模な経費削減が実施された。そのために、具体的には、一九九二年エイカーズ時代の四万五、〇〇〇人に加えて、さらに三万五、〇〇〇人の人員削減が行われた。

しかし、経費削減はあくまでも当面の繕いであり、これで長期的に活力ある企業をつくることにはつながらなかった。長期的にはIBMのあらゆるプロセスを根本的に変える必要があった。そこでIBMは、一九九三年、その後一〇年にわたって続く最大級の事業プロセスのリエンジニアリング・プロジェクトに着手した。この結果、ＩＢＭの事業プロセスは一〇年後、ほぼ姿を変えることになった。

その最大のものは、ＩＢＭを世界全体で産業別、顧客志向の組織に再編成することであった。ＩＢＭはそれまで、全世界的な事業展開に対応する、牢固とした地域単位の組織体制を築き上げていた。しかしそこでは、地域組織の独立性が優先し、顧客志向の視点が希薄になる傾向があり、しだいにそれが強くなってきていた。ガースナーは、ＩＢＭ再生にために、この世界各地の「独立王国」の解体をめざした。当初、これに対する各地の責任者からの反応は厳しく、「うまくいくわけがない」とか「会社を壊すつもりか」というものだったという。しかし、一九九五年半ばには実現にこぎつけた。とはいえ、完全に受入れられるまでにはさらに三年がかかった。

もう一つ、実行されたのは、生産性の低い資産の売却による資金の確保であった。これはもちろん当初は逼迫した資金繰りの確保ということもあったが、同時に事業のけじめを内外に示すという側面もあった。

以上を振り返り、ガースナーは、以下のように述懐している。


「要するにＩＢＭでの最初の数カ月のわたしに課された課題は、類をみないもので、会社を破産させかねない条件反射的な反応を拒否し、日々の実行に集中し、会社を安定させながら、業界での独自の地位を前提として成長戦略を模索することだった。」〔Ibid.：邦訳、一〇四～一〇五ページ〕

(2)　事業モデルの転換

一九九四年になると、会社内外でのこれまでのいわば通説的雰囲気を覆す「ＩＢＭは分割しない」という決断と、それを前提とする当面の破綻を回避するための緊急の諸施策によってＩＢＭは再生への機運を取り戻しつつあった。

このような機運を背景に、ガースナーはさらに本格的な経営改革の取組みを開始した。その第一の柱は、一言でいえば、事業モデルの転換であった。

すでに4であきらかにしたように、ＩＢＭは一九五〇年代以来の長年にわたる「一人天下」の成長のなかで、二つの産業文化を前提とする事業モデルによって成長を図ってきた。第一は、メインフレームを中心とする「ハード主導」の事業モデルである。第二は、これまでのその圧倒的な地位に依拠した、「資源内包型」の事業モデルである。一九七〇年代までのメインフレーム中心の時代においては、このような事業モデルは有効に作用してきた。

しかし、ダウンサイジングとオープン・システム化が進む新しい産業環境の下では、このような事業モデルは急速に時代遅れになっていた。このような旧来型の事業モデルからの転換が遅れたことが、ＩＢＭが危機を招いた背景の最大のものであった。

ガースナーは、二つの方向での事業モデルの転換を図った。

第一は、「サービス主導」の事業モデルへの転換である。

第二は、「ネットワーク主導」の事業モデルの構築である。

第一は、今日、顧客の購買行動が歴史的な変化の時代を迎えており、顧客は特定のサプライヤーの提供する独自のシステムではなく、さまざまなサプライヤーの技術を自社の事業プロセスに統合してくれるソリューションを提供してくれる企業を高く評価する、「サービス主導」の時代になるという認識にもとづく。

この点では、これまでＩＢＭは「ＩＢＭはサービスを意味する(IBM means Services.)」を会社精神を象徴する言葉とし、サービスを重視する会社として高い社会的評価を得てきたことを思い起こす。しかし、ここで問題となっているのは、この、これまでＩＢＭがうたってきた「サービス」と次元が異なっていることを理解しておく必要がある。

これまでＩＢＭが重視し、また社会的評価を得てきた「サービス」は、ＩＢＭの提供するシステムと一体のものであった。それは、ＩＢＭのシステムが顧客のもとで有効に機能することを保障するという意味での「サービス」であった。

しかし、今日社会的に求められているのは、さまざまなシステム・サプライヤーの技術を統合して、顧客の求めるソリューションを提供するサービスであった。それは、それまでのＩＢＭには蓄積されていない資源を必要とした。特にそれは、システムの製造を成功に導くに必要なスキルとはまったく別のものであった。

一九九六年、ＩＢＭは、この新しいサービス事業を担う独立の事業部門として、ＩＢＭグローバル・サービスを設立した。ガースナーは後に、「ＩＢＭグローバル・サービスの設立に失敗しておれば、ＩＢＭは、少なくともわたしが思い描くＩＢＭは、それとともに破綻していただろう」と述懐している。サービス主導事業モデルへの転換は、ＩＢＭ再生の根幹を握る改革であった。

第二の、「ネットワーク主導」の事業モデルの構築についていえば、それは具体的にはこれまでのクローズドな事業世界から脱出してオープン・システム化の流れに事業を転換させることであった。そして、そのための要点はソフトウェアであり、オープン・システム化対応のソフトウェアの事業化を確立することであった。

一九九三年当時、世界最大のソフトウェア企業は実はＩＢＭであった。しかし、ＩＢＭ自身はそのような自覚をもっていなかった。なぜなら、その段階のＩＢＭの「ソフトウェア事業」は自ら提供するシステムに固有のソフトウェアに関するものであり、固有の「事業」として扱われることはなかったからである。

一九九四年、ガースナーは、ＩＢＭのソフトウェア資産を集合し、独立した「ソフトウェア事業」を構築することにした。そのため、三〇カ所にあったソフトウェア関係の研究所を八カ所に、六〇のブランドを六つに集約した。

さらに、一九九五年七月には「ノーツ」と呼ばれる洗練された製品をもつ、有名なロータス・ディベロップメントを買収した。これは過去最大のソフトウェア企業の買収であった。この敵対的企業買収は、ＩＢＭが本気でソフトウェア業界に乗り出し、主導権を握ろうとしているというメッセージを社内外に発信する効果をもったと、ガースナーはのべている。

二〇〇二年、ガースナーが引退する時点で、ＩＢＭのソフトウェア部門は世界最有力のソフトウェア「企業」に成長し、ＩＢＭはネットワーク・コンピューティングで主導的な位置に立った。そして、このようなＩＢＭでのソフトウェア事業の成長を大いに触発したのは、折りしも急展開し始めたインターネット時代の到来であった。

(3) 企業文化革命

こうしてＩＢＭは、ガースナーのリーダーシップでこれまで同社が依拠してきた事業モデルの抜本的な転換を図り、サービスとネットワーク・コンピューティング主導の事業展開によって再生をすすめたが、これを成功させるために、ガースナーの前にもう一つ大きな課題があった。それは、合衆国のどの会社よりも牢固とした基盤をもつＩＢＭの伝統的な企業文化を改革することであった。

ガースナーはさらにこの課題に挑むことになるが、これは事業モデルの転換とは次元の違う難題であった。ガースナーは後にこの課題がいかに難物であったかを、つぎのように振り返っている。

「とはいえ、決断でもっともむずかしかったのは、技術面でも財務面でもない。それは企業文化の改革だった。文句のない成功を収めてきたが、その結果、何十年もの間、通常の競争や経済的要因とは無縁の企業で育った何十万人の人々の考え方や本能を変えなければならなかった。……企業文化の改革は、どの点からみても、IBMの改革のなかでもっともむずかしい部分だった。そして、当初はできるはずがないと思っていた。」〔Ibid.：邦訳、二三七ページ〕

「率直に言って、企業文化の問題に真正面から取り組む必要に迫られなければ、たぶん、避けていたと思う。……数十万人の社員の姿勢や行動様式を変えるのは、極端なまでにむつかしい。ビジネス・スクールではその方法を教えていない。」〔Ibid.：邦訳、二四八〜二四九ページ〕

ことほどさ様に企業文化の問題は難題であったが、この改革なくしてはIBMの本当の再生はないと考えたガースナーは、同時にこの課題に取り組んだ。

ガースナーは、IBMでの経営哲学の第一として、「手続きによってではなく、原則によって管理する」ことを掲げた。彼はそれを具体的に示す必要があった。彼はそれまでのIBMの長期にわたる覇権時代に定着した文化を一掃するために、一九九三年九月、IBMの新しい企業文化の基礎になる八項目の原則を書き、これをメールで全世界の全社員に送信した。

それは要約すれば、以下のようなものであった。結果を先取りしていえば、ガースナーは自らの引退時に、それらが「その後十年に起こった企業文化の変化を概括しているのに驚かされる」と述懐している〔Ibid.：邦訳、二六六〜二七〇ページ〕。

第一　市場こそが、すべての行動の背景にある原動力である。
第二　当社はその核心部分で、品質を何よりも重視する技術企業である。
第三　成功度を測る基本的な指標は、顧客満足度と株主価値である。
第四　起業家的な組織として運営し、官僚主義を最小限に抑え、つねに生産性に焦点を合わせる。
第五　戦略的なビジョンを見失ってはならない。
第六　緊急性の感覚を持って考え行動する。
第七　優秀で熱心な人材がチームとして協力し合う場合にはすべてが実現する。
第八　当社はすべての社員の必要とするものと、事業を展開するすべての地域社会に敏感である。

問題は、このような原則をＩＢＭの全社員一人ひとりの考え方、態度、行動様式に、いかに内在化していくかであった。

一九九四年春、ガースナーは初めての上級経営幹部会議を招集した。ここで、今求められている、ＩＢＭの企業文化に必要な行動様式の変化について説明した。その内容は、**表Ⅲ－4**の通りである〔Ibid.：邦訳、二七五ページ〕。

「この会議の直後から変化が始まった」とガースナーはのべている。この取組みに呼応して動き出した幹部を励ますために、ガースナーは、「リーダーシップと変化」というテーマを集中的に論議するこ

表Ⅲ－4　ガースナーが行動様式に求めた変化

古い行動様式	新しい行動様式
製品本位(使い方を顧客に指導する)	顧客本位(顧客の立場で考える)
自分の道を行く	顧客の方法に従う (ほんとうのサービスを提供する)
士気向上を目標に管理する	成功を目標に管理する
逸話と神話に基づいて決定する	事実とデータに基づいて決定する
人間関係主導	業績主導・業績評価
調和(政治的公正)	アイデアと意見の多様性
個人を非難	プロセスを批判 (だれがではなく、なぜを追求)
見栄えの良い行動を良い行動と同等以上に重視	説明責任(つねに岩を動かす)
アメリカ(アーモンク)中心	世界的に分担
ルール主導	原則主導
個人を評価するよう求める(部署)	集団を評価するよう求める(全体)
分析に完璧を期待して行動できない (100パーセント以上)	緊急感をもって決定し前進する (80パーセントと20パーセント)
他社の発明は無視する	学習する組織
すべてに予算をつける	優先順位をつける

(出所) Gerstner(2002)：邦訳、275ページ。

とを主要な目的とした、上級指導者グループ(SLG)を組織した。この組織は一九九五年二月に発足した。

しかし、二年を経過して、ガースナーは再び企業文化の変革が停滞しているのを感じ始めた。これを打破するためには、原則をもっと単純化し、それを一人一人の日々の行動のなかに内在化させる必要があった。

そこでガースナーは、すでに掲げた原則をさらに簡潔な、つぎの三つの言葉に集約して、IBMの全社員が自分の目標を設定する際に適用すべき最重要の基準とするよう求めた[Ibid.：

邦訳、二八一ページ」。

第一　勝利。すべての行動で、市場が最大の基準になっていなければならない。

第二　実行。実行とは、スピードと規律の問題である。

第三　チーム。ＩＢＭが一丸となって行動する姿勢である。

これら三つの言葉はスローガンとしていろいろな手段で全社に浸透し、新しい業績管理制度として制度化された。

一九九六年に入り、ＩＢＭが存亡の危機を脱し、その再建が大きな山を越えたことが誰の目にもあきらかになってきた。この段階に至って、ガースナーはいよいよ将来に向かってのＩＢＭの方向性を積極的にあきらかにすることが必要なところきたと考えた。

「ｅビジネス戦略」宣言はこれを象徴するものとして出された。ガースナーはこれを、「新時代のシステム３６０」と位置づけた。それはまた、ＩＢＭに新しい企業文化が確立されたことを示すものであった。

ガースナーは、このことの意義をつぎのようにのべている。

「もっとも重要な点は、社外に目を向けたものだったことだ。もはや、自社の建て直しは問題にならない。業界の課題を設定することに、ふたたび焦点を絞り込むようになったのだ。社内の議論の焦点を『当社はどうなりたいのか』から『当社は何をやりたいのか』に移していった。」

〔Ibid.：邦訳、二八四ページ〕

6　進化するＩＢＭ改革
――ガースナー改革からパルミサーノ改革へ

二〇〇二年一月、ガースナーは九年間ＩＢＭ会長を務めた後、彼の後任に、それまで実際に彼の片腕として働いてきた社長兼最高執行責任者（ＣＯＯ）サミュエル・パルミサーノを指名し、三月に最高経営責任者（ＣＥＯ）を退いた（会長退任は二〇〇二年末）。

新社長（後に会長）兼ＣＥＯに就任したパルミサーノはガースナーとは異なり、「血まで青い」といわれる生粋のＩＢＭ人で、サービス事業の立ち上げからハードウェア製品群の刷新まで、ガースナー改革の重要課題に実際に挑戦してきた人物であった。

新ＣＥＯに就任したパルミサーノは、ガースナー改革を引き継ぎ、改革を加速させている。その基本的な考え方を、現日本アイ・ビー・エム株式会社代表取締役社長大歳卓麻氏の紹介に依拠してみてみると、以下のようである。

パルミサーノが第一に打ち出したのは、「ハイ・バリューへのシフト」戦略といわれるものである。これは、ＩＢＭのつぎの新しい成長市場を見定めるためのプロダクト・ポートフォリオ改革であり、新しいビジネス・モデルの開拓のための戦略である。

この戦略の実践を象徴するのは、二〇〇四年末打ち出され、世界を驚かせたパソコン事業の中国レノボ・グループへの売却と戦略的提携締結である。ＩＢＭのパソコン事業は一九八〇年代初め導入以来、莫大な資金投入を図ってきたが、二〇年を経ても望ましい収益を上げるには程遠い状況に甘んじてきていた。この事業については、兼ねてからその対処が課題に上っていたが、今次の、単なる事業の売却ではなく、合わせて戦略的提携を締結するという戦略は、パルミサーノの新たなビジネス・モデル構築への積極的な挑戦を意味している。

パルミサーノのもう一つの戦略は、ガースナーが手をつけなかった「価値観の再創造」であり、いわば「バリューズ・ベースト・マネジメント」戦略への挑戦である。

大歳氏によれば、今ＩＢＭが価値観の再創造を必要とされるいくつかの理由があった。

第一に、ＩＢＭの創始者ワトソンⅠ世の「基本的信条」が、ＩＢＭの成長と共に歪められ、初期の意味とはかけ離れた別物となって勝手に一人歩きしていたことである。一九一四年、ワトソンⅠ世は「基本的信条」として、「個人の尊重」「最善の顧客サービス」「完全性の追及」という三大原則を打ち出した。それらは以後、多くの人々が認めるようにＩＢＭの組織文化を形成する上で絶大な働きをしてきた。しかしこれらの三大原則も、時代と共に、それがＩＢＭの構成員の内面に果たす役割が変質してきていた。たとえば「個人の尊重」は「既得権」を意味するようになり、「完全性の追求」は「傲慢」へと変質していたと、パルミサーノはのべている。そこで、その原点をもう一度回復しなければならなかった。

第二に、とくに一九九〇年代以降、社員の構成が大きく変化し、ＩＢＭの創業の理念を正しく理解している人材がきわめて少なくなってきていたことである。そこで、新しく入社した社員が共通の価値観の下でＩＢＭに働くことの意義を共有することが緊急の課題となっていた。

第三に、ガースナー改革から一〇年が経過し、ＩＢＭをめぐる環境が好転するなかで、社員のなかに「自己満足」という新たな危機が生じてきていると感じられてきたことである。

しかし、パルミサーノにとってもっとも大切なことは、これからの「絶えざる変革」には社員の行動基準となる新しい価値観がどうしても必要となるということであった。

パルミサーノは、「価値観の再創造」こそがＩＢＭの明日のために必要不可欠として、二〇〇三年一一月、いわばワトソンＩ世の三つの「基本的信条」の現代版として、つぎのような三つの柱から成る新しい価値観を発表した。

第一　お客様の成功に全力を尽くす
第二　私たち、そして世界に価値あるイノベーション
第三　あらゆる関係における信頼と一人ひとりの責任

「パルミサーノ改革の狙いは、彼の造語である「バリューーズ・ベースト・マネジメント（価値観の経営）」にある」、「変化する市場環境にあって、社員が常に適切に対応するには、全社員の創意による価値観を創出し、その行動規範と使命に基づいて日々業務に取り組むことが唯一の道なのである」、と

大蔵社長は語っている。

こうしてＩＢＭは、事業戦略と企業文化の改革を通じてイノベーション強化を図ったガースナー改革から、今、「価値観の再創造」を通してイノベーション体質強化を図るパルミサーノ改革に着実に前進している。

〔以上、サミュエル・パルミサーノ「ＩＢＭバリュー──終わりなき変革を求めて」『DIAMONDハーバード・ビジネス・レビュー』二〇〇五年三月号、および大蔵卓麻「ガースナー改革からパルミサーノ改革へ──いまこそイノベーション力が問われる」『DIAMONDハーバード・ビジネス・レビュー』二〇〇六年一月号所収、による。同上二論文は、北城恪太郎・大蔵卓麻編著（二〇〇六）、に所収されている。〕

7　ＩＢＭ改革から何を学ぶか

(1)　環境変化の怖さ

以上で辿ってきたＩＢＭの戦後の歩みを振り返って、改めて感ずるのは、まず第一には、組織のとっての「環境変化の怖さ」ということである。

組織の盛衰と環境変化の間の厳しい緊張関係については、いまさら声高にいうまでもないことである。環境変化に対応できず後退、衰退を余儀なくされた企業の事例は枚挙にいとまがない。しかしそのような多くの事例のなかにあって、第二次世界大戦後のコンピュータ産業史におけるＩＢＭの輝かしい興隆と、一九八〇年代以降のコンピュータ産業を襲った劇的な環境変化とそのなかでの、栄光の歴史を背負ったＩＢＭの無残な後退と存亡の危機、そしてそこからの見事な回復の歴史は、現代企業史のなかでも特筆に値するものであろう。

私は、一九七〇年代までの、コンピュータ産業そのものの歴史であったＩＢＭの栄光の歴史と、一九八〇年代後半以降のＩＢＭの混迷の歴史を辿りつつ、組織にとっての「環境変化の怖さ」を改めて自覚した。自分がささやかながらその管理運営に関わってきた組織は学校法人と大学という、企業とは異なる原理で動いている組織ではある。しかし、環境変化に対する対応のもつ重要さは企業の場合とは変わらない。そのような実践的な感覚でＩＢＭの辿った経過を見てみると、それは人ごとならざるものがある。

いま日本の大学は、かつてない大きな環境変化に直面している。

一八歳人口減少と「大学全入時代」、大学間「大競争時代」の到来

第一は、日本の一八歳人口の急減が大学教育の質や大学経営に及ぼす影響である。

日本の一八歳人口は、一九九二年に二〇五万のピークを迎えた後、減少期に入り、二〇〇七年度には一二四万まで落ち込む。このような動向のなかで、二〇〇五年度には入学者定員割れになった大学(四年制)は五四二校のうちの約三割にあたる一六〇校に上り、過去最多となっている。さらに二〇〇七年度には、志願者数が大学・短期大学の入学定員を下まわる、いわゆる「大学全入時代」が到来する。

このような時代を見越して、二〇〇三年度には「学校教育法」の改正が行われ、一定の要件を満たす学部等の設置は「届出制」とするように変更された。これによって、学部や学科の設置は、各大学の自由裁量で実施しやすいものとなった。

このような状況のなかで、各大学は従来の学問分野の枠組みにこだわらないより社会的ニーズ志向

の、ユニークな学部・学科の設置をすすめている。その結果、一八歳人口が減少するなかにあっても、積極的な学部・学科、大学院研究科の設置が展開しており、大学存立の大前提となる志願者の確保に向けた改革競争が急速に展開している。

このような大学間競争に拍車をかけているのは、この間、政府の高等教育制度改革の最大の眼目であった、国立大学の法人化である。国立大学の法人化は、行財政改革の一環として位置づけられ、これと並行して進展した大学審議会や総合科学技術会議の論議に大きく影響を受けつつ、二〇〇四年、これまでの国立大学の運営モデルの大改革をスタートさせた。

国立大学法人のガバナンスの特徴は、第一に、学長が大学運営に強力なリーダーシップの発揮できる構造が保障されたことである。各種会議は審議機関とされ、基本的な決定権は学長が有することになっている。第二に、中期目標と第三者評価の二つの仕組みによって、自律的に改革を行わざるをえない仕組みが整えられていることである。第三者評価の前提となる中期目標の策定と、これにもとづく実行が予算配分と連動されるという仕組みのもとで、改革の実施がいやおうなく促進されるシステムがビルドインされている。このような新しい仕組みのもとで、現在国立大学法人では、年次的に削減される経常予算に対して、かつて経験したことのないスクラップ・アンド・ビルドが取り組まれている。

このような国立大学法人の積極的、かつ急速な改革の展開は、当然のこととして私立大学の存立にも大きな影響をもたらしている。いまや日本の大学界は、かつて経験したことのない、国公立、私立を巻き込んだ、熾烈な大学間「大競争時代」に突入している。

国際レベルで展開する競争環境

第二は、さらに大きな、日本の大学がおかれている国際環境の変化である。

今日、高度な知識人材の確保が各国の必須の国策課題と認識されるようになり、同時に人材の国際的流動性が高まってくると共に、各国の高等教育政策、研究振興政策のレベルでも、個別大学のレベルでも、国際舞台での人材確保の競争が熾烈さを増している。

とくに米・欧先進諸国は、発展途上諸国とは対照的に、若年層人口が停滞ないし減少傾向にあるなかで（周知の通り日本も同様）、人口急増地域、とくにアジア諸国・地域を対象に、優秀な若者には経済的には相当な優遇条件を提示するなど、激しい大学・大学院入学者の獲得競争に乗り出している。

他方、このような状況のなかで、アジア地域の政府および各大学では欧米に流出する優秀な人材を国内で教育し、研究人材として育成する条件を高めるためにも、政府レベルで高等教育政策、研究振興政策の積極的展開を進めると同時に、個別大学レベルでは教育・研究の国際化を急ピッチで展開している。

このように大学をめぐる国際環境が急速に変動するなかで、日本の大学の国際化はこれまで相当遅れをとっているといっても過言ではない。

すでに触れたように、私は、一九九〇年代後半から、学生の半数、毎年四〇〇名の国際学生を受入れる国際大学ＡＰＵの開設準備のためにアジア全域で活動したが、その経験でいえば、ここでの若者にとっての日本の大学の知名度、存在感は惨めなくらい低いものであった。何よりも屈辱的であったのは、日本の大学では日本語だけで教育が行われているという閉鎖性とあいまって、そもそも日本の大学教育に対する信頼性が極端に低いことであった。

もとより二〇〇〇年以後日本の各大学の国際化が大きく動き出し、状況は変わってきている。しかし、国際化を叫びつつも、依然として教育を日本語のみによっている日本の大学は、国際舞台からみれば、きわめて閉鎖的な社会とみられていることを強く自覚しておかなければならない。

しかし、日本の大学がこれから活路を拓いていこうとすれば、このような高等教育と研究活動の国際舞台での展開と切り結んでいかなければならないのであり、それに相応しい国際レベルの経営感覚、経営行動を組織的にも、個人的にも身につけていくことが求められる。日本の大学にとって、「国際的に通用力と信頼性があり、国際的に評価される大学」づくりが急務なのである。

ＩＢＭはすでにみたように、一九七〇年代まで、先端ＩＣを駆使した汎用大型・メインフレームと、それを動かす固有のオペレーティング・システム（ＯＳ）を二つの柱とした、自らつくり上げた技術的基盤の上に、盤石《ばんじゃく》の市場支配体制を築いてきた。

しかし、一九八〇年代に入って急潮化してくる技術革新の新しい波、ダウンサイジングとオープンシステム化の流れのなかで、急速にその市場支配基盤を揺るがされることになった。

いま私たちの日本の大学も似たような状況に直面している。

もとより日本の大学界が一九七〇年代までのコンピュータ業界のように一大学によるガリヴァー支配の状況にあるわけではないが、それぞれの大学がそれぞれの既存の存立基盤によって棲み分けを図り、事柄によっては制度的に固く守られてきたところがあったことは否めない。

しかしいま、一八歳人口の急減状況と合わせて、これまでの最大の棲み分けであった国公立と私立の間の仕切りが大きく崩れつつあり、競争環境は一挙に「オープン」化しつつある。これは、とくに私立大学にとっては、これまでの蓄積資源が大きく、しかも引き続き政府支援の大きな国立大学法人との厳しい競争に晒《さら》されることを意味している。

しかし大局的にみて、最大の競争環境の「オープン」化は、紛れもなく国際化であろう。大学の教育と研究をめぐる国際環境は、急速に「オープン」化してきており、そのような国際環境のなかで教育と研究の信頼性と評価が問われることになりつつある。

こうしていま、日本の大学はそれぞれこのような二重の競争環境のいわば「オープン」化に直面している。このような日本の高等教育史上かつてない環境変化を各大学がどのような創造的な戦略で対応していくことになるのか。その帰趨は、一つ個別大学の存続、発展の問題であるだけではなく、大きく日本の高等教育と研究の発展の将来を左右するものといって過言ではないであろう。

そしてその際、決定的に大切と思われることは、第一の日本国内レベルの課題を狭く国内的な視野だけで解決を図ろうとするのでは、早晩大きな限界に立ち至るであろうということである。国内的な課題とみえることをそのレベルの視野に止めて解決を図ろうとするのではなく、絶えず第二の国際的な環境変化への対応の課題として解決を図ろうとする取組みが必要である。そのような取組みこそが大学の将来の創造的な戦略をつくり出すことになるのである。

(2) 組織文化の正機能と逆機能
——「組織文化の改革」をいかにすすめるか

ＩＢＭの戦後の歩みを振り返って、「環境変化の怖さ」と同時に、もう一つ強く感ずるのは、環境変化に対応する組織の体質、いわゆる組織文化というものの重さである。もっと具体的にいえば、ある環境条件の下で強力に機能した(正機能を果たした)組織文化も、環境が変化した下では、逆にマイナスの機能を果たす(逆機能を果たす)ようになることが往々にしてあるということである。さらに、その組織文化がある特定の環境条件と親和性が高い場合、環境が変化した際の逆機能も著しくなる危険が高いように思われるということである。

ＩＢＭの場合、その組織文化は、第二次大戦前のパンチカード時代も含めて、市場の構造が単純で、しかも市場での地位がガリヴァー的な圧倒的なものであった時代に形成されたものであった。その独特の組織文化は、合衆国企業のなかでも際立ったものとして知られ、そのなかで育ったＩＢＭ人の洗練され、自信に溢れた行動は、周囲に畏敬の念さえ抱かせるものであった。

しかし、市場での不動の地位に裏づけられたこの組織文化は、市場そのものが多様化し、開放的で流動的なものとなってきたとき、画一的で硬直的なものに転化することになった。それはまた、外からみれば、組織内部志向が強く、市場志向の弱い組織として映ることになっていった。このような状況が続く限り、組織は急変する環境への対応能力を失っていかざるをえなくなり、ＩＢＭが昔日の地位と輝きを取り戻すためには、そのかつての組織文化の改革に手をつけざるをえないことになっていたのである。これが一九九〇年代を迎えた時点でのＩＢＭの状況であった。

この危機打開のために、ＩＢＭ株主陣は社外から当時ＲＪＲナビスコの現役会長だったガースナーを新会長にスカウトして経営陣の刷新を図った。ガースナーは期待に応え、見事にＩＢＭの再生を実現した。しかし、ガースナー自身、組織文化の改革というものがいかに重たい課題であったかを、「率直に言って、企業文化の問題に真正面から取り組む必要に迫られなければ、たぶん、避けていたと思う。……数十万人の社員の姿勢や行動様式を変えるのは、極端なまでに難しい」と述懐していることは、すでに触れた通りである。

事ほどさ様に、組織文化を変えることは難しい。しかし、ＩＢＭの場合、それを成し遂げたがゆえに、今日、世界企業界の新しい星として、新たな輝きを増しているのである。

世界企業ＩＢＭのような大組織とは比べるべくもないが、私自身は大学という組織の改革に関わりながら組織文化を改革するということの重み、難しさを実感してきた。

いま日本の大学が直面している組織文化の改革の課題は、結論からいえば、これまで一八歳人口の増加傾向と進学率の上昇を背景に、相互に競争しつつも、拡大均衡を実現して平和に共存してきた現状維持的な組織文化を、大学を取り巻く新しい環境変化に対応できるイノベーション志向の組織文化に変革することである。しかし、この課題は、口でいうのは易いが、実際に実現するとなると、長年に定着した組織構成員の発想のスタンスや行動様式、慣行を変えることになり、なかなか容易ならざる課題である。

それでは、大学の組織文化をイノベーション志向的なものに変革するという場合、具体的に何がその原動力になりうるであろうか。

この点でも、ＩＢＭのガースナー改革発想が大いに参考になるのではないかというのが、私の感想である。

すでに触れたように、ガースナーが会長就任後まもなく、一九九三年九月に、ＩＢＭの企業文化の改革に着手するに先立って全社員に、新しい企業文化の基礎になる八項目の原則を提示した（具体的には先述）。これらの指摘のなかでも、組織文化改革の原点として重要なのは、第一項目の、「市場こそが、すべての行動の背景にある原動力である」という認識であろう。

企業活動にとって「市場」、したがってまた「消費者」がすべての活動の原動力であるということが観念的には当然のことと認識されている。しかし、実際にはそれより内部組織の都合が優先されることが起こり、それが企業本来の特性たるべきイノベーション志向を低下させるのである。ガースナーは、企業文化の改革の課題として、まずこの点に警告を発している。

企業組織においては「市場」「消費者」こそがすべての活動の原動力であるように、大学・教育機関においては、その設立形態を問わず、その活動の原動力は、「学生・生徒」でなければならない。大学・

教育機関は教育の質を何よりも重視しなければならないし、またその成功度を測る基本的な指標は、「学生・生徒」の成長と満足であろう。そして、そのような発想こそが大学・教育機関のイノベーション志向を高めることにつながる。

このあたり前のことをどれだけ徹底できるかが、今日わが国の大学・教育機関にとっての組織文化改革の基本であろう。ガースナーのＩＢＭの改革から、私たちが学ばなければならないのは、このことである。

(3)「バリューズ・ベースト・マネジメント」戦略の重要性

ＩＢＭの歴史を振り返って第三に感ずることは、とくにパルミサーノの時代に入って強調されつつある価値観重視の経営、「バリューズ・ベースト・マネジメント」戦略の重要性である。

パルミサーノは、「価値観の再創造」こそがＩＢＭの明日のために必要不可欠として、二〇〇三年一一月、①「お客様の成功に全力を尽くす」、②「私たち、そして世界に価値あるイノベーション」、③「あらゆる関係における信頼と一人ひとりの責任」、という三つの柱から成る新しい価値観を発表したことは、すでにみた通りである。このような発想の背景にあるのは、パルミサーノ新会長の、「適応力の高い組織には優れた価値観がある」という信念である。

この点で、パルミサーノは、かつてＩＢＭの創始者ワトソンＩ世が一九一四年に「基本的信条」として打ち出した三大原則、「個人の尊重」「最善の顧客サービス」「完全性の追及」がＩＢＭの発展に果たしてきた役割に鑑みて、その現代版を整備しなければならないと考えた。そのような背景で打ち出されたのが、上記のような、三つの柱からなる新しいＩＢＭの価値観であった。そして、そのような新しい価値観に立った経営を、パルミサーノは「バリューズ・ベースト・マネジメント」戦略と呼んだ。

この価値観重視の経営、「バリューズ・ベースト・マネジメント」について、私が重視するのは、その一般的、抽象的な意義ではなく、現代の大規模企業、大規模組織の運営にとっての現実的な役割である。この点について、大歳卓麻日本アイ・ビー・エム社長はつぎのようにのべている。

「パルミサーノ改革の狙いは、彼の造語である『バリューズ・ベースト・マネジメント』（価値観の経営）にあるといえる。世界一七〇カ国に展開し、ハードウェア、ソフトウェア、サービスといった事業部門を抱え、三三万人の社員を擁するグローバル企業の経営を、制度や規程だけで束ねることはおよそ現実的ではなく、むしろプロセスが複雑化して官僚主義に陥ってしまうというのがパルミサーノの持論だ。すなわち、変化する市場環境にあって、社員が常に適切に対応するには、全社員の総意による価値観を創出し、その行動規範と使命に基づいて日々業務に取り組むことが唯一の道なのである。」〔北城恪太郎・大歳卓麻編著（二〇〇六）、九一ページ〕

全世界に三三万人の従業員を擁するＩＢＭとは比較すべくもないが、日本の大学・学校法人でも、組織の規模拡大、多様化、作業プロセスの複雑化と共に、その運営上、似たような状況が生じてきている。

かつては単一のキャンパスに集合していた学部や部局、付属校などが複数のキャンパスに分散し、また同一キャンパスにあっても、組織の拡大、複雑化と共に、一般に相互間の意思疎通が間接化し、その頻度も少なくなってくる傾向がある。

そのような状況のなかで、大学・学校法人の組織が急速に変化する環境に機敏に対応しつつ一体性をもった意思決定、運営を実現できるかどうかは、関係者の誰もが感じているきわめて重たい今日的課題である。

このようなとき、まず誰でもが考えるのは組織運営の制度や規程を整備し、その力で組織の一体性を実現しようとすることである。

しかし、それには限界があるというのが、ＩＢＭ、パルミサーノ社長の発想である。そこで、組織のもっと深いところでの、つまり構成員一人ひとりの行動規範や使命感に影響を及ぼす「価値観の共有」というレベルでの組織の一体性を構築しようというのが、パルミサーノ会長が提唱した「バリューズ・ベースト・マネジメント」の考えである。

同じ大学・学校法人に所属していても、さらに組織のなかでは同系統の仕事に携わっていても、キャンパスが違っている場合、直接の意思疎通の機会がなかなか取れなくなってきている。もちろん最新の通信メディアの整備はそれを補う有力な手段である。しかし、それにも限界があることは、多くの人々が切実に感じていることである。

しかし、キャンパスが複数化し、組織が多様化し、複雑化することは、組織の発展動向として避け難いことである。さらに、企業に比べて数段遅れているが、大学・学校法人でも、組織が国際的に展開し、多様な文化や言語の世界を内包するようになる状況も進んでいる。

このような状況を考えたとき、大学・学校法人にとっても、多地域化し、国際化し、さらに多文化化したとき、どのようにしてそれまでのような組織の一体性を保って発展していけるのかは、きわめて重たい課題である。

そのとき、世界最先端の多国籍・多文化企業であるＩＢＭが掲げる「バリューズ・ベースト・マネジメント」、つまり「価値観共有にもとづく経営」という考えは、私たち大学・学校法人関係者にも組織の将来を考える上で、大きな示唆を与えてくれるものである。

参考文献

Garr, D. (1999), *IBM Redux*：邦訳『ＩＢＭガースナーの大変革――こうして巨象は甦った』二〇〇〇年、徳間書店
Gerstner, L. V., Jr. (2002), *Who Says Elephants Can't Dance?: Inside IBM's Historic Turnaround*：邦訳『巨象も踊る』二〇〇二年、日本経済新聞社
飯塚郁郎(一九九三)『ＩＢＭ帝国の凋落』ＴＢＳブリタニカ
北城恪太郎・大歳卓麻編著(二〇〇六)『ＩＢＭ――お客様の成功に全力を尽くす経営』ダイヤモンド社

栗田昭平(一九九四)『カミングバックIBM』共立出版
大前研一(一九八五)『トライアド・パワー』講談社
Palmisano, S. J. (2004), Leading Change When Business is Good, *Harvard Business Review*, Dec. 2004：邦訳「IBMバリュー：終りなき変革を求めて」『DIAMONDハーバード・ビジネス・レビュー』二〇〇五年三月号
坂本和一(一九八五)『IBM——事業展開と組織改革』ミネルヴァ書房
坂本和一(一九九二)『コンピュータ産業——ガリヴァ支配の終焉』有斐閣
坂本和一(一九九七)『新版GEの組織革新』法律文化社
下田博次(一九九四)『王者IBMリストラへの挑戦』PHP研究所
Slater, R. (1999), *Saving Big Blue*：邦訳『IBMを甦らせた男ガースナー』二〇〇〇年、日経BP社
Sobel, R. (1981), *IBM: Colossus in Transition*：邦訳『IBM——情報巨人の素顔』一九八二年、ダイヤモンド社
Thomas, D. A. (2004), Diversity as Strategy, *Harvard Business Review*, Sept. 2004：邦訳「ガースナー改革：多様性の戦略」『DIAMONDハーバード・ビジネス・レビュー』二〇〇五年三月号
Watson, Th. J., Jr. (1990), *Father, Son & Co.: My life at IBM and Beyond*：邦訳『IBMの息子——トーマス・J・ワトソン・ジュニア自伝(上・下)』一九九一年、新潮社

第Ⅳ章

「組織の存続」はいかにして確保されるか

――Ch. I．バーナードと野中郁次郎氏の組織理論から学ぶ――

1　バーナードへの関心

チェスター・バーナードが主著『経営者の役割（*The Functions of the Executive*）』を著したのは一九三八年のことである。全人格的人間観に立ち、組織と人間、組織と個人を対立的に捉えるのではなく、「組織と個人の同時的発展」を追求することを基本的なモチーフに、それまでの機械論的組織論からの、組織論のパラダイム転換を提起したバーナードの理論は、近代組織理論確立の画期を成すものとして、すでに歴史に輝かしい位置を占めている。

※チェスター・バーナード（Chester I. Barnard）は、一八八六年、合衆国マサチューセッツ州の生まれ。一九〇九年、ハーバード大学を中退して、アメリカ電話電信界社（AT&T）に入社。一九二七年、AT&T傘下の新設電話運営会社、ニュージャージー・ベル電話会社の初代社長に就任。会社経営に携わる傍ら、組織論の研究を深めた。主著『経営者の役割』は、一九三七年秋、ハーバード大学ローウェル研究所の公開講座に招かれて行った八回の講義をもとにしてまとめられたものである。一九六一年没。〔飯野春樹（一九七九）、I章による。〕

(1) 理論的関心

バーナードが社会的に大いに話題となったのは、わが国では戦後、主著『経営者の役割』の邦訳がダイヤモンド社から出された一九五〇年代半ばころから六〇年代、七〇年代のことであった(山本安次郎・田杉競・飯野春樹訳の初版は一九五六年)。しかし近年は、組織理論の古典として話題になることはあっても、本書が正面から取り上げられることは稀になったように思われる。

私がバーナードに関心をもったのは、社会的にはバーナードへの関心がほとんど枯れてしまった一九九〇年代になってからのことである。

当時わが国では、一九八〇年代のバブル経済が崩壊し、それまでもてはやされた「日本的経営」の評価が逆転する状況のなかで、改めて二一世紀における企業組織のあり方が問われようとしていた。また世界的には、「ベルリンの壁」の崩壊によって、社会組織のあり方、とくに組織における人間のあり方を問う思考パラダイムが大きく転換しつつあった。このような状況のなかで、私は、これまで社会科学で蓄積されてきた社会組織、経営組織についての主要な理論的成果をもう一度勉強しなおしてみることにした。

このような模索の成果の一端は、一九九四年の拙著『新しい企業組織モデルを求めて』(晃洋書房)としてまとめられている。この作業のなかで初めて、社会的、学会的には周回遅れのような形で、バーナードの主著『経営者の役割』や、バーナードの後継といわれるサイモンの『経営行動』に取り組んでみることになった。そのなかで私は、「組織社会」と言われる現代社会における「組織」の重さを改めて認識させられ、そのなかでの人間個人個人の生き方や役割について、それまでの解釈学的バーナード研究では学ぶことができなかった実践的なバーナード理論の面白さを感得することができた。

しかし同時に、バーナード理論の根幹を成す「組織と個人の同時的発展」という課題を現実的に追求しようとした場合、論理的にもまだ埋められていない課題があると考えるに至った。同上拙著では、この課題を、日本を代表する創造的な経営学者、野中郁次郎氏の「組織的知識創造」の理論を介在させることで解決に迫る考えを提示した。

(2)　実践的関心

折りしも一九九四年、私は本務校立命館の副総長の任務を預かることになった。この職務は、私の通常の研究ペースを大きく変えることになったが、逆にバーナードの組織理論の課題とするところを実践の場でリアルに研究させてくれることになった。

とくにこれを契機として、私はバーナード理論

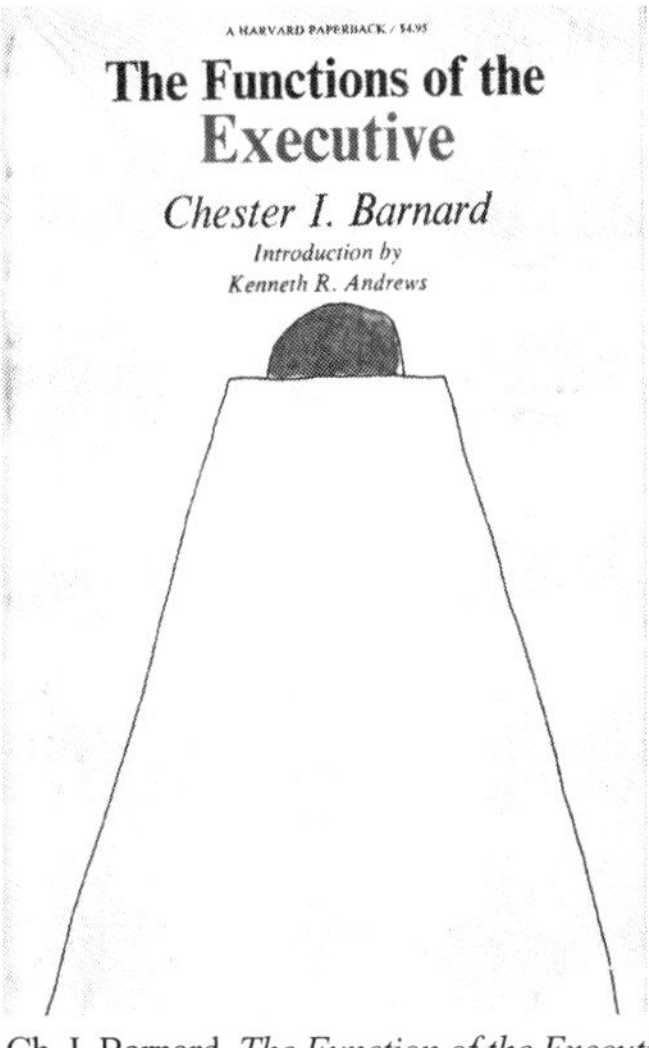

Ch. I. Barnard, *The Function of the Executive*, 1938

のもう一つの重要な論点である「組織における権限」のあり方について強い関心をもった。日々の組織運営にあたって主宰者の自分が組織構成員の意思をうまくまとめることができるかは決定的に重要なことであったが、これが何によってえられるのかは私にとって重要な関心事であった。

組織における権限の行使とは、いい換えれば合意形成のためのコミュニケーションである。この権限行使の実際をみてみると、同じ案件の合意形成にあたって、A、B、Cは職位上では同等の権限を与えられているのに、実際の現場では、Aは組織構成員の深い理解を確保しつつ、同時に構成員からさまざまな積極的意見、提言を引き出すのに成功した。これに対して、Bは一応構成員の理解と合意をえることはできたが、ほとんど積極的な意見を引き出すことができず、通りいっぺんの論議で終わってしまった。さらにCは一回の会議では構成員の理解がえられず、合意は保留となり、もう一度会議をやり直すことになった。このようなことが日常茶飯に生起している。

このようなことがなぜ起こるのか。

この点に関して、バーナードの説くいわゆる「権限受容説」、つまり組織における権限は下位の構成員が上位者の求めを受容して初めて発揮されるものであるという考えは、非力な私には他人事ならざる問題であった。それは、権限の実現は職能を担うもののリーダーシップ、力量にかかっているというものであったからである。しかも、後に具体的にのべるように、とくに大学という組織は、企業組織とは違って、職位の権限を前提とした組織運営が著しく作用し難いところがある。このような状況に現実におかれて私は、組織における権限とはなにかを考えざるをえなくなっていた。

こうして私は、一九九〇年代になって、純粋に研究上の関心からだけではなく、もう一つ日々の自分の組織運営という仕事のうえから、バーナードの組織理論に関心をもつことになった。

(3)　バーナード理論の実践的骨組み

これまで、わが国で高かったバーナード理論についての関心をみてみると、主としてそれが伝統的な組織理論に及ぼした画期的な影響についてであり、とりわけ「組織の有効性と能率」というバーナード理論の独特のコンセプトの解釈と、それがもつ「組織の存続」の条件についての理論的な研究であった。

しかし、バーナード理論が実践的な立場からその意義や役割を論ぜられることは、それほど多くなかった。また、そのせいもあって、バーナード理論の根幹を成す「組織の存続」についても、「組織の有効性と能率」という論点に収斂した原典解釈的研究が広くなされてきた。

しかし、バーナード理論をより実践的なものとして理解しようとすれば、それが内包する「組織の存続」の条件の理論的な枠組みは、より豊富な内容をもったものとして理解されなければならないと思われる。

そのような視点からバーナード理論における「組織の存続」の条件を整理してみると、それはつぎの三つの柱から成り立っていると思われる。

第一　「組織の有効性と能率」の実現。具体的にいえば、組織の目的の実現と組織を構成する個人の満足の同時的実現。

第二　これを実現するための、組織における「コミュニケーション」の有効的な実現。具体的には、上位者の権限による命令と下位者の服従ではなく、説得と納得を基本とした権限の実現、つまり「権限受容」による権限の実現。

第三　「権限受容」を実現する経営者のリーダーシップ能力。

これら三つの条件について、バーナード理論の実践的な骨組みをもう少し具体的にみてみる。

2　「組織の存続」をめぐるバーナード組織理論の骨組み（詳論）

(1)　「組織の有効性と能率」の実現

バーナードは「組織の存続」にとってもっとも根底的な条件として、組織がその存在目的を実現することと、組織を成り立たせている個々の構成員個人の組織への貢献欲求の結集が同時に実現されることが必要であると考えた。

この点は『経営者の役割』におけるバーナード理論の核心として広く人口に膾炙しているところである。バーナードが具体的にのべるところをみると、つぎのようである。

「協働の永続性は、協働の(a)有効性と(b)能率、という二つの条件に依存する。有効性は社会的、非人格的な性格の協働目的の達成に関連する。能率は個人的動機の満足に関連し、本質的に人格的なものである。有効性のテストは共通目的の達成であり、したがってそれは測定される。能率のテストは協働するに足る個人的意思を引き出すことである。」〔Barnard (1938)：邦訳、六二〜六三

ページ〕

「それゆえ協働の存続は、つぎのような相互に関連し依存する二種の過程にかかっている。(a)環境との関連における協働体系全体に関する過程、(b)個人間に満足を創造したり分配したりすることに関する過程。」〔Ibid.：邦訳、六三ページ〕

ここには、「組織の存続」が、二つの条件実現によって保障されることが示されている。

第一は、「組織の有効性」の実現である。ここで、組織の有効性とは、組織が組織の目的を達成することを意味しており、したがってまたその達成の度合いが有効性の度合いを示すことになる。組織は、その目的を達成できない場合には、崩壊せざるをえない。これは、組織が環境との対外的な関連で展開する過程である。

第二は、「組織の能率」の実現である。ここで、能率とは、協働体系に必要な個人的貢献の確保に関する能率のことである。組織の存続は、その目的を達成するのに必要なエネルギーの個人的貢献を確保し、維持しうる能力にかかっている。これは、組織が対内的に、協働体系を構成する個人間に満足を創造したり、分配したりする過程である。

バーナード理論においては、これら二つの条件が実現されることが、組織存続の不可欠の条件であるとされている。

よく知られるように、近代社会における組織と個人の間の関係、組織の発達と個人欲求の満足との間に横たわる矛盾を正面から取り上げたのは、かの社会学の巨匠マックス・ウェーバーであった。しかし、ウェーバーは結局その前進的な解決に悲観的な見解を残すに止まった。

バーナードは、一方でウェーバーの説く、組織と個人の間に存在する現実の矛盾の重さを前提としながら、その克服のために、現実的に組織の有効性と人間欲求の満足が共に成立しうる組織のあり方を追求しようとした。ここに、現代社会の基本的な問題を鋭くえぐり出しながらも、事実上その克服を放棄した社会学者ウェーバーと、それを踏まえながら、現実的にその克服に迫ろうとした実践的企業経営者としてのバーナードとの決定的な違いが現れている。

近年、企業組織の新しいあり方を求める方向の一つとして、企業における組織と個人のあり方に注目する理論展開がある。そのようなものとして、たとえば、バートレットとゴシャールの『個を活かす企業』（一九九七年）や、フェファーの『人材を生かす企業』（一九九八年）がある。これらの理論は、当面する企業経営の閉塞状況を脱却するための戦略として提起されたものであり、組織革新の新しい一つのケースのレベルを超えるものではない。しかし、提起されている問題そのものは、カール・マルクスやマックス・ウェーバー以来、近代社会、近代文明における最大の問題の一つとされてきた組織と個人のあり方に関わる問題である。現在進行している社会の大きな構造転換に応える二一世紀型の新しい企業組織といった場合、問題は、やはりこのような近代社会の根幹に関わる大問題に触れるような視点から提起される必要がある。

わが国では、経済同友会の研究部会「グループ98」の発表した『二一世紀の企業道——企業と個人の

「素敵な恋愛関係」』(一九九八年)が、同様の問題意識を展開している。この報告は、直接に戦略的な要請に応えようとするというよりも、表題にあるように、より広い視野から二一世紀における企業組織のあり方を求めたものであり、ここでのバーナードの問題意識や視野に近いものがある。

(2) 「権限受容」による権限の実現

コミュニケーションの役割――人の意思を動かす権限

バーナードは、以上のような「組織の存続」の条件、「組織の有効性と能率」の実現をあきらかにする前提として、組織の成立の条件をつぎのように定義している。

「組織は、(1)相互に意思を伝達できる人々がおり、(2)それらの人々は行為を貢献しようとする意欲をもって、(3)共通目的の達成をめざすときに、成立する。したがって、組織の要素は、(1)コミュニケーション、(2)貢献意欲、(3)共通目的、である。これらの要素は組織成立にあたって必要にして十分な条件であり、かようなすべての組織にみられるものである。」〔Ibid.：邦訳、八五ページ〕

さらに、これに続けてつぎのようにのべている。

「組織がまず成立するのは、前述の三要素をそのときの外部事情に適するように結合することができるかどうかにかかっている。組織の存続は、その体系（組織）の均衡を維持しうるか否かに依存する。この均衡は第一次的には内的なものであり、各要素間のつりあいの問題であるが、究極的、基本的には、この体系とそれに外的な全体情況との間の均衡の問題である。この外的均衡はそのうちに二つの条件を含む。すなわち第一の条件は組織の有効性であり、それは環境情況に対して組織目的が適切か否かの問題である。第二は組織の能率であり、それは組織と個人との間の相互交換の問題である。」〔Ibid.：邦訳、八六ページ〕

すでにあきらかなように、組織存続の条件、「組織の有効性と能率」の実現は、組織を構成する三つの要素の存在と密接につながっている。まずあきらかなことは、貢献意欲の実現が「組織の能率」として体現しており、他方、共通目的の実現は「組織の有効性」として体現している。

それでは、組織の第一の要素、コミュニケーションは組織存続の条件とどのように関わっているであろうか。

ところで、組織におけるコミュニケーションとは、何であろうか。

組織におけるコミュニケーションとは、もちろん単なる情報の伝達といった単純なものではない。その本質を成すのは、結論的にいえば、組織の目的を実現するための、上位から下位への指揮・命令であり、人の意思を動かす「権限」である。

このように考えると、第一の要素たるコミュニケーションが三つの組織要素のなかで果たす役割、したがってまた組織存続の条件である、組織の有効性と能率の対してもつ関係があきらかに浮かび上がってくる。すなわち、このコミュニケーションこそは組織存続の二つの条件の実現をつなぐ血脈を成しているのである。

バーナードの「権限の理論」

それでは、バーナードの組織理論にあって、コミュニケーションの本質である、人の意思を動かす「権限」はどのように理解されているであろうか。

バーナードの「権限の理論」は、『経営者の役割』の第三部第一二章で展開されている。

バーナードはここで、「権限」についてつぎのように定義している。

「権限とは、公式組織におけるコミュニケーション(命令)の性格であって、それによって、組織の貢献者ないし『構成員』が、コミュニケーションを、自己の貢献する行為を支配するものとして、すなわち、組織に関してその人がなすこと、あるいはなすべからざることを支配し、あるいは決定するものとして、受容するのである。」〔Ibid.:邦訳、一七〇〜一七一ページ〕

さらにこの考えをもっと分かりやすく解説して、つぎのようにのべている。

「もし命令的なコミュニケーションがその受令者に受入れられるならば、その人に対するコミュニケーションの権限が確認あるいは確定される。それは行為の基礎と認められる。かかるコミュニケーションの不服従は、彼に対するコミュニケーションの権限の否定である。それゆえこの定義では、一つの命令が権限を持つかどうかの意思決定は受令者の側にあり、『権限者』すなわち発令者の側にあるのではない。」〔Ibid.：邦訳、一七二〜一七三ページ〕

それでは、コミュニケーション(命令)はどのような場合に受容され、どのような場合に受容されないのであろうか。バーナードはこの点について、人はつぎの四つの条件が同時に満たされたとき初めてコミュニケーションを権限あるものとして受容でき、また受容するだろうとのべている。

第一　「コミュニケーションを理解でき、また実際に理解すること。」──「理解できないコミュニケーションは権限をもちえない。」

第二　「意思決定に当たり、コミュニケーションが組織目的と矛盾しないと信ずること。」──「受令者が理解している組織目的と両立しえないと信じられるコミュニケーションは受容されえないであろう。」

第三　「意思決定に当たり、コミュニケーションが自己の個人的利害と両立しうると信ずること。」

――「もしコミュニケーションが、組織との関係から発生する純利益を破壊するような負担を含んでいると信じられるならば、個人を組織へ貢献させる純誘因はもはや存在しないであろう。」

第四 「その人が、精神的にも肉体的にも、コミュニケーションに従いうること。」――「もし人が命令に従う能力を持たなければ、明らかにその命令は違反されるか、よくても無視されるに違いない。」〔Ibid.：邦訳、一七三～一七四ページ〕

以上のような「権限」の考え方は、これまで「権限受容説」と呼ばれてきたものである。

組織における権限の源泉をめぐっては、バーナード以前は、今日、「法定説」、「上位権限説」といわれるものが当然のこととして理解されてきていた。これは伝統的な組織観、経営管理理論と共にあるもので、今日でも権限の源泉の通念、常識として浸透しているとみられる。

企業を例にとれば、課長が課員に命令し服従させる力は、上司たる部長から委譲されたものであり、部長のそれは社長から、社長のそれは取締役会から、さらに取締役会のそれは株主総会から、というように、それぞれ上位から順次委譲されたものであり、究極的にはそれは株式会社法ないしは私有財産制度を構成する諸法律によって保持されたものである、というように権限の源泉を理解するものである。

このような伝統的な権限の理解に対して、権限は上位者にあるのではなく、下位者に「受容」されて初めて成り立つとみる、バーナードの「権限受容説」の考えは、権限についての理解を一八〇度転換させる革命的なものであった。

「法定説」が権限の究極の源泉を当該組織の外部に求めるのに対して、「受容説」の大きな特徴は、それを対象となる組織単位に内在的なものと考えるところにある。

以上の二つにくわえて、さらに「職能説」といわれる考え方があるとされる。これは、権限は組織内において各構成員の分担された「職能」を公的に遂行するために与えられた力であり、権限の源泉には「職能」があるとするものである。しかし、私の考えでは、「職能説」は結局のところ「法定説」「上位権限説」に帰着するものと理解される。したがって、権限の源泉については、「法定説」「上位権限説」と「権限受容説」を代表的な考え方とすることができる。

「権限受容説」に対しては、伝統的な「法定説」の立場から、「もし原則的にも実際的にも権限の決定が下位の個人にあるならば、われわれのみるような重要かつ永続的な協働の確保がいかにして可能なのか」という疑問が発せられる可能性があることが指摘されてきた。これに対してバーナードは、それを予想して、「それは個人の意思決定がつぎのような条件の下で行われるから可能である」としている。

「(a)永続的な組織において慎重に発令される命令は、通常上述の四条件と一致している。(b)おのおのの個人には「無関心圏」が存在し、この圏内では、命令はその権限の有無を意識的に反問することなく受容しうる。(c)集団として組織に貢献している人々の利害は、個人の主観あるいは態

度に、この無関心圏の安定性をある程度まで維持するような影響を与えることとなる。」〔Ibid.：邦訳、一七五ページ〕

(3) 「権限受容」を実現する経営者のリーダーシップ能力

一般に権限の行使とリーダーシップ能力は、不可分の関係にある。しかし、バーナードの場合、上にみたような、「権限受容説」というその独特の権限理論から、権限を実現するリーダーシップもまた独特の重要さをもっている。なぜなら、バーナードにあっては、権限は、単に上位者のア・プリオリな力能として発揮されるものではなく、下位者の受容によって初めて発揮されるものとされており、それだけに権限を発揮しようとする上位者のリーダーシップ能力が大きく問われることになるからである。したがって、バーナードの「組織存続」の理論においては、その「リーダーシップ」論が独特の重要な意味をもつことになる。

バーナードは、組織におけるリーダーシップの働きについて、つぎのようにのべている。

「目的のある協働は構造的性格のある限度内においてのみ可能であり、それは協働に貢献するすべての人々より得られる諸力から生ずるのである。協働の成果はリーダーシップの成果ではなく、全体としての組織の成果である。しかし信念を作り出すことがなければ、すなわち、人間努力の生きた体系がエネルギーおよび満足を絶えず相互に交換し続ける触媒がなければ、これらの構造は存続することができない、否、一般に成立すらしない。生命力が欠乏し、協働が永続できないのである。リーダーシップではなく協働こそが創造的過程である。リーダーシップは協働諸力に不可欠な起爆剤である。」〔Ibid.：邦訳、二七〇ページ〕

「リーダーシップは自然の法則を無効にするのでも、また、協働努力に不可欠な諸要因にかわりうるものでもない。そうではなくて、それは必要欠くべからざる社会的な本質的存在であって、共同目的に共通な意味を与え、他の諸要因を効果的ならしめる誘因を創造し、変化する環境のなかで、無数の意思決定の主観的側面に一貫性を与え、協働に必要な強い凝集力を生み出す個人的確信を吹き込むものである。したがって、管理責任とは、主としてリーダーの外部から生ずる態度、理想、希望を反映しつつ、人々の意思を結合して、人々の直接目的やその時代を超える目的を果たさせるよう自らをかりたてるリーダーの能力である。」〔Ibid.：邦訳、二九六ページ〕

バーナードはこうして、組織には、「人間努力の生きた体系がエネルギーおよび満足を絶えず相互に交換し続ける触媒」が必要であり、これがなければ協働は存続できないとし、この協働に不可欠な精神的、心理的な起爆剤であり、「変化する環境のなかで、無数の意思決定の主観的側面に一貫性を与え、協働に必要な強い凝集力を生み出す個人的確信を吹き込むもの」が「リーダーシップ」といわれるものであるとしている。

そのうえでバーナードは、「組織の存続」はこのようなリーダーシップの質の高さ、したがってまたその道徳性の高さに依存しているという。

「組織の存続は、それを支配している道徳性の高さに比例する。すなわち、予見、長期目的、高遠な理想こそ協働が持続する基盤なのである。」〔Ibid.：邦訳、二九五ページ〕

「かように、組織の存続はリーダーシップの良否に依存し、その良否はそれの基礎にある道徳性の高さから生ずるのである。最も低級で最も非道徳的な組織においても、高度の責任が存在するに違いないが、責任が関係する道徳性が低ければ、組織は短命である。道徳性が低ければリーダーシップが永続せず、その影響力がすみやかに消滅し、これを継ぐものも出てこない。」〔Ibid.：邦訳、二九五ページ〕

これまで、バーナード理論の機軸を成す「組織存続」の理論について、とりわけ「組織の有効性と能率」の実現という独特のコンセプトと、その解釈に関心が傾きがちであった。

しかし、バーナード理論をより実践的なものとして理解しようとすれば、それが内包する「組織存続」の条件の理論的な枠組みは、より豊富な内容をもったものとして理解されなければならない。これがここでの関心であった。

そのような視点からバーナード理論における「組織存続」の条件を整理してみると、それは、これまでバーナードの理論展開に即してみてきたように、連動するつぎの三つの柱から成り立っているのである。

第一　「組織の有効性と能率」の実現

第二　「組織の有効性と能率」を実現する「コミュニケーション」の有効な実現。具体的には、「権限受容」による権限の実現

第三　「権限受容」を実現する経営者のリーダーシップ能力

3　いかにして「組織の有効性と能率」を同時に実現するか

──バーナードと野中郁次郎氏の組織理論から学ぶ(1)

「組織存続」の条件として総括できるバーナードの組織理論の三つの柱のそれぞれから、これまで私は理論的、また実践的に多くのことを学んできた。以下、私がバーナード理論の三つの柱から学んだことをまとめてみる。

まず、「組織の有効性と能率」実現、すなわち「組織と個人の同時的発展」の理論についてである。

この点について私が学んだことをあらかじめ結論的にいえば、バーナード理論の根幹を成す「組織の有効性と能率」の実現(「組織と個人の同時的発展」)という課題を現実的に追求しようとした場合、論理的にもまだ埋められていない課題があると考えるに至った。そしてこの課題を、日本を代表する創造的な経営学者、野中郁次郎氏の「組織的知識創造」の理論を介在させることで解決に迫る考えを提示した。

(1)　「組織の有効性と能率」──バーナード以後の理論状況

バーナード以降の組織理論の展開をみてみると、ある場合には組織の「有効性」の側面、つまり組織目的の実現に重点がおかれ、またある場合には組織の「能率」の実現、つまり組織構成員個人個人の欲求充足に重点がおかれるなど、時代によって大きな片寄りを描いてきた。したがって、今日の段階においても、バーナードが提起した課題を実現に導く筋道をあきらかにすることは残された課題となっている。しかし、この課題は、二一世紀の企業組織が二〇世紀から引き継ぐ重要課題であり、二一世紀型の新しい企業組織モデルを考えようとする際の基本となるべきものではないかと考える。

サイモンの組織理論――「能率」論への傾斜

バーナードの組織理論のフレームワークは、サイモンの『経営行動』（第一版一九四七年、第二版一九五七年、第三版一九七六年）に引き継がれ、さらにマーチとサイモンの『オーガニゼーションズ』（一九五八年）で展開されていくことになったが、組織理論は、バーナード以後、組織内部での個人的動機の満足の問題、つまり「組織の能率」実現の問題に関心を傾斜させていくことになった。

これは、サイモンの「組織存続」の立て方自体のなかに現れている。かれは、この問題を、「なにゆえ個人がみずから進んで組織された集団に参加するのか、そして、個人の目的を、確立されている組織の目的に従わせるのはなぜか」〔Simon (1947)：邦訳、一四二ページ〕というフレームワークで立てている。その上で、この問題について、つぎのようにのべている。

「組織のメンバーは、組織がかれらに提供してくれる誘因と引き換えに組織に貢献している。

一つの集団による貢献は、その組織が他の集団に提供する誘因の源泉である。もし、貢献を合計したものが、必要な量と種類の誘因を提供するのに、その量と種類において十分であるならば、その組織は存続し、成長するであろう。そうでなければ、均衡が達成されることなく、その組織は縮小し、結局のところ消えてなくなるであろう。」〔Simon (1947)：邦訳、一四四ページ〕

ここで「組織存続」の問題として定式化されているのは、バーナードのフレームワークでいえば、その一つの要素としての組織の「能率」の側面である。バーナードの場合には、「能率」実現の過程と同時に、組織が環境との関係で展開する「有効性」実現の過程が「組織存続」の柱を成していた。しかし、サイモンの場合には、この「有効性」実現の側面が必ずしも「組織存続」の二つの柱の一つとして位置づけられておらず、組織存続の問題が「能率」実現の問題に矮小化されている。

またマーチとサイモンの『オーガニゼーション』は、「組織均衡(組織存続)」の理論をつぎのように位置づけている。

「組織均衡についてのバーナード＝サイモン理論は、基本的に動機づけの理論である。すなわち、組織が、そのメンバーをして参加を継続させるように彼らを誘因し、それによって組織の存続を確保しうる諸条件についての言明である。」〔March and Simon (1958)：邦訳、一二八ページ〕

こうして、マーチとサイモンは、「組織均衡」理論を、当初から明確に「参加動機づけの理論」、「参加モチベーションの理論」として位置づけている。そのうえで、まずこのような「組織均衡」理論を科学的実証に耐えられるものとして仕上げるために、誘因と貢献のバランスをいかに測定するかという測定手続きの問題を展開する。したがって、「組織均衡」理論のレベルでは、マーチとサイモンはその内容を「能率」実現の理論に純化し、徹底させたといえる。

「モチベーション理論」――「自己実現型」の組織管理

バーナード、サイモン、マーチらの近代組織理論の流れとは別に、一九六〇年代に一世を風靡した組織理論の流れに、組織心理学者らによって展開された「モチベーション理論」がある。

それを代表する著作は、アージリスの『組織とパーソナリティ――システムと個人の葛藤』（一九五七年）および『新しい管理社会の探究』（一九六四年）、マクレガーの『企業の人間的側面』（一九六〇年）、リッカートの『経営の行動科学――新しいマネジメントの探究』（一九六一年）および『組織の行動科学――ヒューマン・オーガニゼーションの管理と価値』（一九六七年）、ハーズバーグの『仕事と人間性――動機づけ・衛生理論の新展開』（一九六六年）、などである。

これらの理論に共通するのは、現代社会において組織を構成する人間を、能動的な行動、責任への願望、仕事を通じての成長の機会を志向する自己実現願望型人間であると仮定する点である。そして、これまでの組織管理が構成員の不満や抵抗を生んできたのは、人間をこのような自尊心をもち、自己実現を願望するものとして前提してこなかったからであるとする。

このような組織人間観の基礎になっているのは、人間の欲求には、①生理的欲求、②安全・安定性欲求、③所属・愛情欲求、④尊厳欲求、⑤自己実現欲求、という階層性があり、人間の欲求満足化行動は、①の低次欲求から⑤の高次欲求へと逐次的・段階的に移行していくとする、マズローの「欲求階層説」である(同『人間性の心理学』一九五四年、を参照)。

このような組織人間観に立って、これらの理論は、具体的に、それまでの命令型の組織管理方式に対して、さまざまの自己実現型の組織管理方式を主張した。たとえば、アージリスは、職務における能力発揮の機会を増やす「職務拡大」や、職務内容の決定に担当構成員を参加させる「参加的リーダーシップ」の必要性を主張した。

また、マクレガーは、これまでの伝統的な管理方式はマズローの低次欲求(生理的欲求や安全・安定性欲求など)を比較的に強くもつ組織成員の行動モデル、つまり「X理論」にもとづくものであり、これに対してマズローの高次欲求(尊厳欲求や自己実現欲求)を比較的に強くもつ組織成員の行動モデル、つまり「Y理論」にもとづく組織管理方式を主張した。具体的に、従業員による独自の目標設定、自主統制と自主管理、能力開発、参加制度の設定、管理者のリーダーシップ再訓練などがマクレガーの主張した管理方式の内容であった。要するに、マズローの高次欲求志向型の人間観に立って、伝統的な命令と統制の組織管理から、参加的な自主管理型の組織管理への転換の必要性を説いたところが、これらの理論の共通の特徴である。

このような「モチベーション理論」の背景にあるのは、組織成員個人の自己実現的な動機の充足、つまり組織の「能率」の実現が組織の存続にとって第一義的な重要性をもつという基本的な認識である。このような「モチベーション理論」の盛行は、結果的には、「組織存続」理論を「能率」論的に理解する傾向により一層拍車をかけることになった。

「コンティンジェンシー理論（条件適応理論）」——「有効性」論への傾斜

このような傾向に対して、一九七〇年代以降、むしろ組織と市場環境や利用する技術との関係の側面、つまり組織の「有効性」の側面に重点をおき、結果として「組織存続」理論の新たな理論的発展を担うことになったのは、「コンティンジェンシー理論」である。

「モチベーション理論」が組織存続の条件として、組織成員個人の自己実現的な動機の充足の側面を第一に重視したのに対して、「コンティンジェンシー理論」はむしろ、組織と市場環境や技術との関係の側面を重視した。つまり、組織の存続は、何よりも組織を取り巻く市場環境や利用する技術の状況との適応、つまり「条件適応」によって決定されるというのが、「コンティンジェンシー理論」の基本的な認識のフレームワークである。このことは、いい換えれば、「コンティンジェンシー理論」は、組織がその存続をめざそうとすれば、その特性を市場環境や技術に適応させなければならないという認識をもっていることを意味している。

組織理論の世界に「コンティンジェンシー理論」という呼び名が一般化するようになったのは、ローレンスとローシュの『組織の条件適応理論』（一九七六年）を契機とする。かれらは上掲書のなかで、それまでの伝統的な組織理論の批判的な検討のあと、新しい組織理論の方向を示すものとして、「組織は、おかれている条件が違えばそれぞれどのように機能の仕方が違うかを解明しようとした研究」をサーベイし、それらに共通するアプローチを組織の「コンティンジェンシー理論」と呼んだ〔Lawrence and Lorsch (1967)：邦訳、第八章〕。

「コンティンジェンシー理論」は、一九七〇年代以降、ガルブレイス、野中郁次郎、加護野忠男らの「情報プロセシング・モデル」アプローチの採用などによって、その精緻化が図られ、新たな発展が試みられた〔Galbraith, J. (1973), 野中郁次郎（一九七四）、加護野忠男（一九八〇年）などを参照〕。

しかし、「コンティンジェンシー理論」は、組織と環境との適応関係を重視するあまり、逆に組織内部での人間のあり方の問題を軽視することになった。つまり組織の有効性を重視する反面で、組織の「能率」の側面を逆に軽視することになった。

また、「コンティンジェンシー理論」は、個別企業の実践の観点から、その有効性が問われることになった。個別企業の実践の立場からみれば、組織構造を企業戦略、したがってまた環境に適応させることが企業組織の有効性を保障するという「コンティンジェンシー理論」の分析的な認識フレームワークは、あまりにも単純で、一般的であり、また受動的に過ぎるところがあった。

一九八〇年代に入ると、同じように多角化した事業構造を管理するためにプロダクト・ポートフォリオ・マネジメント（ＰＰＭ）の手法や戦略事業単位（ＳＢＵ）を採用しても、個別企業によってその成果が大きく分かれるのはなぜかということが実践的に問題となり、改めて、企業組織の有効性を規定する多様な要因が問題とされた。そのなかから、これまで企業組織を規定する構造やシステムといった可視的な部分だけではなく、目にみえない組織の文化や組織成員の共通の価値観といった要因の重要性が認識されることになった。

また、環境への適応という「コンティンジェンシー理論」のもつ受動的なフレームワークに対して、企業組織の環境へのより主体的・能動的な働きかけを重視するフレームワークの必要が強調されることになった。

こうして、「コンティンジェンシー理論」は、その限界が問題となり、その克服が課題となった。

(2) 野中郁次郎氏の「組織的知識創造」理論と「組織存続」論の新展開

野中郁次郎氏の「組織的知識創造」理論

バーナードに始まる近代組織理論は、「組織存続」論を機軸として展開してきた。その流れをみると、その出発点を成すバーナード自身の理論においては、組織が環境との対外的な関係で目的実現をめざす「有効性」実現の過程と、組織の内部で協働体系を構成する個人間に満足を創造したり、分配したりする「能率」実現の過程の、同時的実現をその理論的な特徴としていた。

しかし、その後の展開をみると、一方ではその理論的重点が「能率」の側面に大きく傾斜し、「組織存続」論とは参加モチベーションの理論、つまり「能率」実現の理論に限定されてくる傾向が生じてきた（バーナードの後継者とされるサイモンやマーチとサイモンの理論、さらにいわゆる「モチベーション理論」の場合）。

他方、その反動として、「組織存続」の理論がもっぱら「有効性」実現の側面で問題とされるような傾向が生じてきた（「コンティンジェンシー理論」の場合）。

こうして、バーナードに始まる「組織存続」の理論のフレームワークの展開は、「能率」実現と「有効性」実現という二つの柱のどちらかに一面的な傾斜をみせつつ、今日に至っている。したがって、「組織存続」の理論は今日、いわばその本来の理論的な「均衡」を取り戻す課題に直面しているということができる。

このような現代の組織理論の直面する課題に応えるものとして、私が注目するのは、野中郁次郎氏の組織理論、「組織的知識創造」の理論である。

野中氏の組織理論は、『企業進化論』（一九八五年）以来、今日まで精力的かつ多彩に展開されてきているが、野中氏がその理論と実証を体系的に世に問うたのは『知識創造の経営』（一九九〇年）であり、さらにその展開としての『知識創造企業』（一九九六年、竹内弘高氏との共著）である。ここでは、後の二著によって、野中氏の組織理論のエッセンスを確認しておく。

野中氏自身の基本的なモチーフは、組織理論の立場から、戦後日本企業がつくり出した国際的な競争優位性の背景には、どのような要因があったのかを問い、そのような要因の普遍的な可能性と限界、さらにより高度な普遍性への課題をあきらかにしようとするところにあった。

一般に、日本企業の競争優位性をつくり出した要因という場合、終身雇用制、年功賃金制、企業別組合といった労働慣行、ジャスト・イン・タイム方式やQCサークル活動、系列や改善といった経営手法などが、さまざまな濃淡で強調されることが多かった。

野中氏の分析にみられる特徴は、このような、これまでの通例の見方に対して、それらの個々の慣行や手法を超えた「知識創造」のマネジメントのレベルで日本企業のつくり出した競争優位要因の理論化を図ろうとした点にある。

組織理論のパラダイム革新――人間観の転換

野中氏は、戦後日本企業が開発した新しい「組織的知識創造」の理論を展開するに先立って、これまでの組織理論の基本的な発想、パラダイムを点検している〔以下、野中郁次郎(一九九〇)、第一章による〕。

野中氏は、近代組織理論の出発点となったバーナード理論から始まり、これまで本書でも取り上げたような諸理論を一つひとつ検討し、それらを通して、つぎのように、従来の各種の組織理論に共通の発想、パラダイムを見出している。

「諸理論において共通している点は、それらの理論展開の基本的な視点が、第一に人間の『可能性』や『創造性』ではなく、人間の『諸能力の限界』に注目しているということ、第二に人間を『情報創造者』としてではなく、『情報処理者』としてみなすこと、最後に環境の変化に対する組織の『主体的・能動的な働きかけ』ではなく、『受動的な適応』を重視していることである。」（同上書、四〇ページ）

これらの従来の組織理論の基礎にあるのは、サイモンに典型的に示されているように、人間の認知能力には限界があるという人間観である。これらの理論は、このような限界のある人間の認知能力を克服しようとするところに組織が存在する意義を見出している。

そのような人間観に立ってみた場合、組織にとっての基本問題は、環境の不確実性に伴う情報処理の負荷をいかに効率的かつ迅速に解決していくかということになる。したがって、組織とは、そのような一つの情報処理システム、問題解決システムとして意義をもつことになる。また、このような組織観に立った場合、「コンティンジェンシー理論」に典型的にみられるように、組織とはもっぱら環境の生み出す情報処理の負荷に適合する情報処理能力を構築して適応していく、受動的な存在として理解されるのも、必然的な帰結である。

しかし、今日、たとえば私たちのまわりでみられるイノベーションの過程をとってみても、「組織は、むしろ情報を発信あるいは創造して、主体的に環境に働きかけていくのではないか」（同上書、四五ページ）と、野中氏はいう。

いまや、人間の「諸能力の限界」ではなく、「可能性」や「創造性」に注目し、人間を「情報処理者」としてではなく、「情報創造者」としてみなし、環境の変化に対する組織の「受動的な適応」ではなく、「主体的・能動的な働きかけ」を重視するような、組織理論のパラダイム革新が必要であるというわけである。そして、戦後日本企業が開発したマネジメントの方法論、「組織的知識創造」と、それにもとづく企業組織モデルは、まさにこのような課題に応えるもの、少なくともその重要な一つの解答を用意するものであるという。

〔以上と同様の趣旨の内容が、野中郁次郎・竹内弘高（一九九六）、第一章、第二章でも展開されている。〕

「組織的知識創造」理論のフレームワーク

それでは、野中氏の「組織的知識創造」理論とは、具体的にどのようなフレームワークをもつであろうか〔以下、野中郁次郎（一九九〇）、第二章、および野中郁次郎・竹内弘高（一九九六）、第三章による〕。

野中氏の知識創造論の第一の機軸は、人間の知識が客観的知識、つまり形式知と、主観的知識、つまり暗黙知という二つの側面をもつことを前提として、「これらの二つの知識がそれぞれ排他的なものではなく、相互循環的・補完的関係をもち、暗黙知と形式知との間の相転移を通じて時間とともに知識が拡張されていく」〔野中郁次郎（一九九〇）、五六ページ〕と理解する点にある。

ここで、形式知とは、言語化され、明示化されることが可能な知識であり、他方、暗黙知は、個人に内在化され、言語で表現することが困難な知識のことである〔この形式知と暗黙知の区別は、マイケル・ポランニーの理論によっている。Polanyi（1966）〕。

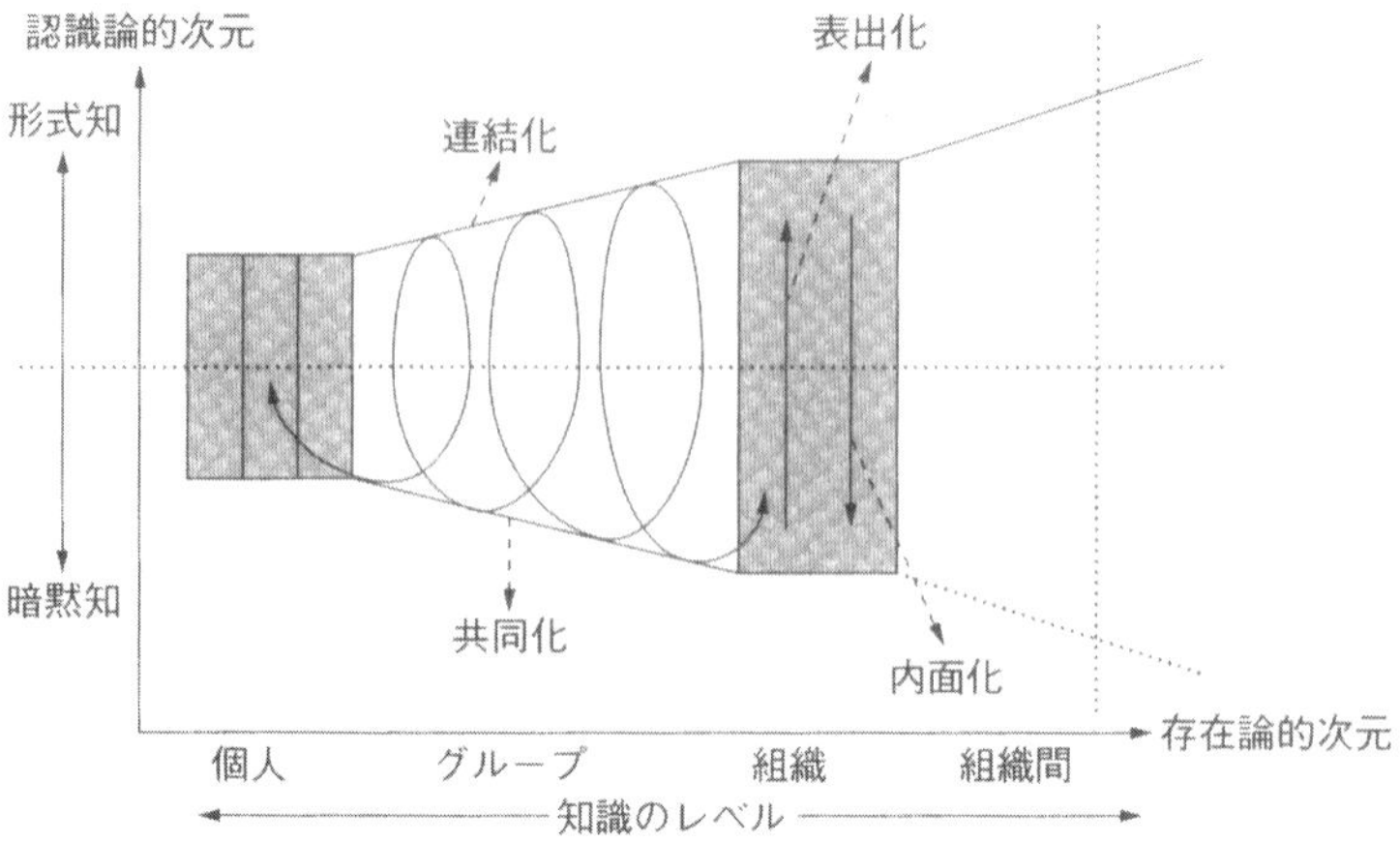

図Ⅳ－１　野中氏の「組織的知識創造」モデル図

（出所）野中郁次郎・竹内弘（1996）、108ページ、図3-5

個人に内在化された暗黙知が組織にとって有益な情報となるためには、それが明示化され形式知に変換されなければならない。この、暗黙知から形式知への変換過程は、「表出化」と呼ばれている。他方、暗黙知がいったん明示化され、形式化されると、その形式知を通じてさらに新たな暗黙知の世界が拡大していく。この、形式知から暗黙知への変換過程は、「内面化」と呼ばれている。そして、暗黙知と形式知はこのような相互循環作用を通じて量的・質的な拡大を実現していく。暗黙知と形式知の、この相互循環作用こそが、知識創造過程のエッセンスである。

野中氏の知識創造論の第二の機軸は、このような認識論的次元の知識創造のエッセンスを、さらに組織論的次元（野中氏はこれを存在論的次元と呼んでいる）のダイナミズムのなかで具体的に理解していく点にある。ここで浮かび上がってくるのが「組織的知識創造」の理論である。

組織はそれ自体として知識を創造することはできない。知識の源泉は、あくまでも個人である。個人の暗黙知こそが知識の源泉である。そこで組織は、個人レベルで創造され、蓄積された暗黙知を組織的知識に、それもグループ・レベル↓組織レベルと、より高いレベルの組織的知識にまで高めていかなければならない。

このような組織的知識の創造を媒介するのが、野中氏のいう四つの知識変換モードである。すなわち、①個人の暗黙知からグループの暗黙知を創造する「共同化」、②暗黙知から形式知を創造する「表出化」、③個別の形式知から体系的な形式知を創造する「連結化」、④形式知から暗黙知を創造する「内面化」、である。このうちで、知識創造プロセスの一番のエッセンスを成すのは、暗黙知が明示的な形式知に転化していく「表出化」のプロセスである。

このような四つの知識変換モードを通じた、いわば「知識スパイラル」によって、個人的な暗黙知が組織的知識、しかもより高いレベルの知識に増幅され、発展させられていく。これが、野中氏の「組織的知識創造」の理論である。

このような「組織的知識創造」のダイナミズムを野中氏は、**図Ⅳ－1**のように示している。

〔以上、野中郁次郎(一九九〇)、第二章、野中郁次郎・竹内弘高(一九九六)、第三章、による。〕

「組織的知識創造」理論の意義――「組織存続」理論における理論的均衡の回復

以上のようなフレームワークをもつ野中氏の「組織的知識創造」理論は、2でみたようなバーナード以来の近代組織理論の展開のなかでどのような意義をもっているか。

野中氏は、自身の理論モデルを、これまでの情報処理型モデルから情報創造型モデルへの、また環境に対する受動的モデルから環境創造型の主体的・能動的モデルへの、組織理論のパラダイム革新として、したがってまた企業組織の新しい「自己革新モデル」の構築として意義づけている。

私はここで、この野中氏の「組織的知識創造」理論を、もう一つ別の視点から意義づけてみる。それは、「組織均衡」理論進化の視点である。

バーナードに始まる近代組織理論は、「組織存続」理論を機軸として展開してきた。その流れをみると、出発点を成すバーナードの理論においては、組織が環境との対外的な関係で目的実現をめざす「有効性」実現の過程と、組織の内部で協働体系を構成する個人間に満足を創造したり、分配したりする「能率」実現の過程の、同時的実現をその理論的な特徴としていた。

しかし、その後の展開をみると、すでにみたように、「能率」実現と「有効性」実現という二つの柱のどちらかに一面的な傾斜をみせつつ、今日に至っている。したがって、「組織存続」理論は今日、いわばその本来の理論的な均衡を取り戻す課題に直面している。

このような「組織存続」理論のフレームワークをめぐる理論状況のなかで、これまでに紹介したような野中氏の「組織的知識創造」理論は、結論的にいえば、とくに組織成員の仕事の質の側面から「組織存続」理論に新しい次元を拓く可能性を提示することになっているのではないか、というのがここでの趣旨である。

この点で、ポイントとなるのは、野中氏のいう「組織的知識創造」のプロセスの評価である。野中氏の「組織的知識創造」のプロセスは、まず個人の暗黙知から出発する。そして、個人レベルでの知識創造→グループ・レベルでの知識創造→組織レベルでの知識創造、という三つのフェーズを繰り返しながら展開するものとされている。つまり、ここにみられるのは、個人の暗黙知が集団のなかで共有化され、概念化され、さらに組織全体としての知識として体系化され、最終的には一つの戦略として対外的に打ち出されていくという知識創造のプロセスである。

ここには、組織成員個人の創造性と、組織の環境に対する能動性が、組織としての知識創造のプロセスを通して同時的に実現されていく様子が示されている。このことが意味していることは、野中氏の「組織的知識創造」理論には、組織成員個人の自己実現的な動機の充足、つまり組織の「能率」実現の過程と、組織の対外的な目的の達成、つまり組織の「有効性」の過程という二つの過程の同時的な実現の可能性が秘められているということである。

新しい「組織の有効性と能率」同時実現モデルとしての「組織的知識創造」理論

これまでの組織理論の流れのなかでは、「モチベーション理論」は組織成員個人の自己実現欲求の充足、つまり「能率」実現の重要性を問題とし、従業員による独自の目標設定や参加制度など、そのためのさまざまなメカニズムを具体的に提案した。しかし、そこでは、もっぱら人間の動機づけをいかに行うかということに問題が集中され、組織全体としての目的実現のための戦略的な視点が欠落していた。それは、いわば、組織成員個人の自己実現欲求が充足されれば、自ずから組織の「有効性」が実現できるという前提に立つ理論であった。

これに対して、「コンティンジェンシー理論」は、これとは対照的に、環境に対する組織の対外的な適応をもっぱら問題とし、そのための戦略を分析的にあきらかにすることにその努力を集中した。そのため、組織内部での成員個人のレベルでの自己実現的な満足については、あまり視野に入れられていなかった。したがって、この理論は、「モチベーション理論」とは対照的に、対外的に組織の「有効性」が実現できれば、自ずから組織成員個人の満足、つまり「能率」も実現されるという前提に立っていた。

このような、「能率」と「有効性」の両極への傾斜を示すこれまでの理論に対して、野中氏の「組織的知識創造」理論の特徴は、一方の実現が必然的に他方の実現を導くという前提に立って、もっぱら「能率」ないし「有効性」の実現のメカニズムを追求するという志向をもっていないことである。ここで示されているのは、組織における知識創造というプロセスのなかで、両者が同時的に実現されていくメカニズムである。

「組織的知識創造」のプロセスでは、まず組織成員個人の暗黙知の蓄積から出発する。この個人的なレベルでの暗黙知が集団のレベルで概念化されていくプロセスでは、個人の創造性が十分発揮されることが基本である。したがって、このプロセスは、まさに個人のもっとも高度な自己実現的な動機を満足させるプロセスとして位置づけられる。もとより、このプロセスだけを取り出せば、それは「モチベーション理論」のエッセンスそのものと同じレベルのものであり、それだけでは「能率」の実現過程に止まることになる。

「組織的知識創造」理論の重要なポイントは、このような「能率」的な、個人の自己実現的な活動が組織全体としての戦略的な視点に導かれ、最終的には組織の対外的な戦略として具現化されていく点である。この点は、同じく個人レベルでの自己実現的な動機の充足を問題としながら、「モチベーション理論」では決定的に欠けていた点である。「モチベーション理論」では個人の自己実現それ自体が問題となり、その結果の対外的、戦略的な展開という視点は視野に入っていなかった。したがって、「組織的知識創造」理論は、個人レベルでの自己実現的な動機の充足をベースとしながらも、「モチベーション理論」に欠けていた対外的、戦略的な視点をもつことにより、「モチベーション理論」の流れの側面から、「能率」と「有効性」の新しい均衡をつくり可能性を提示した。

他方、「コンティンジェンシー理論」についてみれば、ここでは、環境変化に対する組織としての対外的・戦略的な展開が基本的な課題となり、そのための戦略の創造とそれを実行するための内部的な情報処理システムの構築が問題となった。しかし、この理論は、そのような作業を一つのプロセスとして捉え、具体的にそれを組織成員個人のレベルから組織全体のレベルに至るまでの知識創造のプロセスとして実践する視野をもっていなかった。したがって、「組織的知識創造」理論は、このような知識創造のプロセスを視野に入れることにより、「コンティンジェンシー理論」に欠けていた個人レベルの自己実現的な動機の充足という視点を浮かび上がらせ、「コンティンジェンシー理論」の流れの側面からも、「能率」と「有効性」の新しい均衡をつくり出す可能性を提示した。

こうして、野中氏の「組織的知識創造」理論は、組織成員個人の自己実現的な動機の充足、つまり組織の「能率」実現の過程と、組織の対外的な目的の達成、つまり組織の「有効性」実現の過程という二つの過程の、同時的な実現の可能性を提示している。したがってまた、それは、とくに組織成員の仕事の質の側面から「組織存続」の理論に新しい次元を拓く可能性を提示することになっている。

〔以上は、坂本和一（一九九四）、第四章のエッセンスを要約したものである。〕

4　いかにして「権限」を実現（発揮）するか

――バーナードと野中郁次郎氏の組織理論から学ぶ(2)

バーナード理論の第二および第三の柱は、「組織の有効性と能率」を実現する「コミュニケーション」をいかに有効に実現するか、具体的には、「権限受容」による権限の実現をいかに図るか、そのために求められる経営者の「リーダーシップ能力」はいかなるものか、ということである。

冒頭でのべたように、バーナード理論のこの論点に私が関心をもったのは、まさしく私自身の実践的な必要からであった。

一九九四年、私は本務校立命館の副総長の任務を預かることになったが、このことを契機として、私はバーナード理論のもう一つの重要な論点である組織における「権限」のあり方について強い関心を持った。日々の組織運営にあたって主宰者の自分が組織構成員の意思をうまくまとめることができるかどうかは決定的に重要なことであったが、これが何によってえられるのかは私にとって重要な関心事であった。

この点に関して、バーナードの説くいわゆる「権限受容」説、つまり組織における権限は下位の構成員が上位者の求めを受容して初めて発揮されるものであるという考えは、理論的には大いに魅力的なものであったが、実践的には、非力な私には他人事ならざる深刻な問題であった。それは、権限の実現は職能を担うもののリーダーシップ、力量にかかっている、というものであったからである。

しかも、とくに大学という組織は、企業組織とは違って、職位の権限を前提とした組織運営が著しく作用し難いところがあった。このような状況に現実におかれて、私は、組織における「権限」とはなにかを真剣に考えざるをえなくなっていた。

こうして私は、一九九〇年代になって、純粋に研究上の関心からだけではなく、もう一つ日々の自分の組織運営という仕事の上から、実践的にバーナードの、「権限」の理論と経営者の「リーダーシップ」の理論に関心をもつことになった。

(1)　トップダウンと大学・学校組織の特殊性

一九九〇年代以降、大学経営、学校経営をめぐる社会状況は、大きく変動しつつある。改革しなければならない経営課題がかつてなく多面的かつ全面的なものになってきている。また同時に、それらの課題をめぐって求められる意思決定のスピードが一段と速くなってきている。

このような状況のなかで、大学・学校経営は、政策形成のレベルにおいても、合意形成のレベルにおいてもこれまでの経験的な流儀では立ち行かなくなってきており、新しい方式が求められてきている。とくに一般企業とは異なる組織構造、組織特性や慣行をもつ大学や学校において政策形成や合意形成を進める場合、ボトムアップとトップダウンのあり方が問題となることが多いが、この点についても組織構成員に新しい視点と行動様式が求められてきていると思われる。

第一に、政策形成はグローバルな視野と長期的な見通しのもとに、これまでの経緯を超えた相当に大胆なものを、体系的、組織的に推進しなければならなくなっている。これまでは、互いに横並びで、直接自分に関連のある狭い領域の社会的な状況をみながらの、無理のない政策形成で対応できたが、このような受身の政策形成の態度では、いまや組織の存続自体が危うくなりつつある。

そのような受身の、無理のない政策形成であれば、単純なボトムアップによっても十分対応が可能であったであろう。しかし、積極的で、場合によってはこれまでの常識を超えるようなレベルの政策形成を、体系的、組織的に進めようとすれば、もはやボトムアップ的な力を待つだけでは対応不能になるであろう。逆にトップダウンによる課題提起の役割の重要性がますます大きくならざるをえなくなっており、現実にはトップダウンを基本におきつつ、政策形成のプロセスでいかにボトムアップの力を活かしていくかということが重要な課題となっている。

この点については、野中郁次郎氏が組織的知識創造に関わって、「ミドル・アップ・ダウン」という新しい考え方を提起している。この点については、改めて取り上げる。

第二に、さらに政策の合意形成のレベルについていえば、何よりも問題はそのスピードである。政策はその内容と同時に、その組織的な同意形成のスピードが問題となってきている。内容的に同じ政策でも、実行に移すための意思決定の遅れが、政策の競争力を大きく減退させることは、自明のことだからである。このことから、政策の合意形成のレベルでは、さらにトップダウンの主導性が決定的に重要なものとなっている。

しかし、一般企業とは異なる組織構造や組織特性、慣行をもつ大学・学校組織は、この点では固有の課題を内包することが留意されなければならない。それは、この組織には構成員が自主的、自発的に物事を判断することに組織としての高い存在価値をみる伝統が内蔵されているとみられるからである。

このような組織においては、トップダウン的な組織運営に対するアレルギーは、一般企業とは比べものにならない厳しいものがある。したがって、今日、意思決定のスピード化が求められるなかでトップダウン的組織運営の必要が強まることは、とくに大学・学校組織にとっては、ストレスの高い状況を生じさせることになる。しかしこれは、今日の状況では避けられないことである。

そこで課題となるのは、合意形成プロセスにおけるトップダウンに、いかにしてボトムアップの力を引き出し、吸収できるかということである。それは、トップダウンかボトムアップか、というレベルの問題ではなく、組織というものがもつ両面の志向を一体化してすすめることであり、どうしたらそれが可能となるのかということである。

大学・学校経営における新しい時代の合意形成の組織論には、このことの解決が求められている。このことを考えるうえで、大きな示唆を与えてくれるのは、組織における「権限」の理論である。組織において「権限」というものがどのようにして発揮されるかということを考えてみることは、トップダウンという上位「権限」の発揮が組織に内在するボトムアップ志向といかに関連しているかを教えてくれる。

(2)　野中郁次郎氏の「ミドル・アップ・ダウン」論が意味するもの

はじめに、政策形成におけるトップダウンとボトムアップ的な力の吸収に関わって、野中郁次郎氏の「ミドル・アップ・ダウン」の考え方について考えてみる。

その前提にあるのは、野中氏の「組織的知識創造」理論である。「組織的知識創造」理論そのものについては、前段で紹介したので、ここではそれを前提として話をすすめるが、野中氏のこの理論のもっとも基本的な特徴は、知識創造がトップとミドル、そしてボトムと、組織の上下すべての構成員の共同作業として進められていくとしている点である。

このような「組織的知識創造」のプロセスにおいては、一方でトップから出される経営の大きな方向づけを示すビジョンと、他方、組織の現場から発せられるさまざまな個別的、具体的な情報を突き合わせ、両者の間の矛盾を発展的に解消して、新しいコンセプトを創造していかなければならない。そこで、「組織的知識創造」のプロセスはこのようなコンセプト創造の作業の担い手がいなければ、実際には機能しないことになるが、この中核的な役割、牽引車的な役割を担うのが、ミドルである。そこで、野中氏は、「組織的知識創造」のプロセスを管理するための新しいマネジメントのタイプとして、トップダウンでもボトムアップでもない、「ミドル・アップ・ダウン」というマネジメントのタイプが必要とされるとしている。

ここで野中氏のいう「ミドル・アップ・ダウン」について、その展開プロセスをもう少し具体的にみてみると、その起点は基本的にはトップからのビジョン提示であることが重要である。もちろんすべてがそうであるというわけではないが、何らかの新しいコンセプト形成の起点は、それが大きな変革をもたらそうとするものであればあるほど、ビジョンの提示はトップからなされることになるであろう。またそれこそが、トップ固有の役割であろう（それができないトップは、トップ失格である）。

そのように考えると、野中氏の「ミドル・アップ・ダウン」のマネジメントは、結局、ミドルとボトムのそれぞれ固有の力を引き出しつつ、トップの意図を実現していく、トップダウン・マネジメントの一つの進め方ではないか、というのが私の理解である。

野中氏が「組織的知識創造」といわれることをここでの関心に引き寄せれば、それはまさに組織的「政策形成」ということを意味している。このように理解すると、野中氏の「ミドル・アップ・ダウン」のマネジメント方式は、先にのべたような、今日とくに大学・学校経営の政策形成のプロセスで求められている新しいトップダウンの必要にうまく適合するものであるということができる。

(3)　バーナードの「権限受容説」と合意形成における新しいトップダウンの考え方

つぎに、政策の合意形成におけるトップダウンとボトムアップ的な力の吸収について考える。

この課題を考えるうえで重要な環となるのは、バーナードの「権限受容説」である。「権限受容説」的な考え方にもとづく組織運営が、大学・学校組織においては、とりわけ重要であるというのが筆者の基本的なスタンスである。このような組織においては、上位者の意思はとりわけ構成員に受容されることによってこそ、その力を引き出すことができるからである。

「権限受容説」的な考え方にもとづく組織運営について、ここで私が注目するのは、ここにはトップダウンをボトムアップの力と結びつけ、これらを一体のものとして運用する基盤が内包されているという点である。

「権限受容説」的な組織運営の基本は、その成否を上位から伝達された指示が下位に受容された度合いによって量られるということである。このことは、トップダウンによって伝達された政策の構成員による合意形成プロセスが、同時にボトムアップ的な力をトップが吸収するプロセスとして作用することを意味している。また、合意形成のためのトップダウンをこのように作用させる度合いこそが、権限受容の尺度となる。

ここには、トップダウンがボトムアップと別のものではなく、両者が表裏一体のものとして機能していくものであることが示されている。

一般に、トップダウンとボトムアップは、マネジメントの二つの対照的なあり方として、場合によっては対抗的なものとして扱われるのが普通のようである。一方のマネジメント方式に対する不満を他方の方式の優位さを主張することによって表現しようとするのは、その典型的なケースである。

しかしそれは、「権限受容説」的な組織運営の考え方からすれば、きわめて皮相な理解ということになる。この立場からすれば、トップダウンによる合意形成の提起と推進は同時にボトムアップの作用を伴うものであり、その度合いが深ければ深いほど、レベルの高い合意形成が果たせたことになるからである。他方、トップダウンが文字通りトップダウンで、そのプロセスでボトムアップ的な力を吸収する度合いが弱ければ、その合意形成は形式的には成立したとしても、皮相な合意形成であったということになるであろう。

このような「権限受容説」的な組織運営にとって決定的に重要となってくるのは、トップダウンのそれぞれの段階を担う管理者の力量である。同じ政策内容であっても、トップダウンの結節を担う管理者の政策説明力量、周知力量によって受容のレベルに差異が生ずる可能性があるからである。優れた政策説明はそれを受け止める構成員の深い理解と積極的な参加、つまりボトムアップの力を引き出すことができる。他方、同じ政策説明をしても管理者自身の理解が浅ければ、提案を聞く構成員の理解も浅いものに止まり、そこから十分な参加意識を引き出すことができずに終わることになる。

したがって、組織運営におけるボトムアップの機能の度合いは、トップダウンを担うそれぞれのレベルの管理者の力量によって基本的に担保されるのであり、かれらの力量が結局、組織全体の力量の水準を決定するといえる。

今日、政策の合意形成のレベルについていえば、何よりも問われているのは、そのスピードである。

内容的に同じ政策でも、実行に移すための意思決定の遅れが、政策の競争力を大きく減退させることは、自明のことである。このことから、政策の合意形成のレベルでは、さらにトップダウンの主導性が決定的に重要なものとなってきている。

しかし、一般企業とは異なる組織構造、組織特性や慣行をもつ大学・学校組織では、トップダウンの組織運営に対するアレルギーは、一般的にかなり厳しいものがある。したがって、今日、意思決定のスピード化が求められるなかでトップダウン的組織運営の必要が強まることは、伝統的にボトムアップ的な志向を強くもつ大学・学校組織にとっては、ストレスの高い状況を生じさせることになる。しかしこれは、すでに触れたような大学・学校を取り巻く今日の状況では避けられないことであろう。

そこで課題となるのは、合意形成プロセスにおけるトップダウンに、いかにしてボトムアップの力を引き出し、吸収できるかということである。それは、トップダウンかボトムアップか、というレベルの問題ではなく、組織というものがもつ両面の志向を一体化してすすめることであり、どうしたらそれが可能となるのかということである。

大学・学校経営における新しい時代の合意形成の組織論には、このことの解決が求められている。

この点で、以上のような「権限受容説」的な考え方にもとづく組織運営は、重要な意味をもつと思われる。しかし、そのような組織運営の成否を握るのは、トップダウンのそれぞれの結節を担う管理者の力量である。

この際、トップダウンの役割を担うのは決して組織全体のいわゆるトップだけではないのだ、という理解が、ここでは決定的に大切である。ここで念頭にあるのは、組織全体のいわゆるトップから始まって、何段階にもブレークされていく組織各階層の組織単位の責任を担う管理者の指揮の連鎖である。各レベルの管理者がそれぞれのレベルでトップダウンの機能を果たしていくのであり、したがってまた先にみたような点でそれぞれその力量が問われるのである。

ジャック・ウェルチのGE改革から学ぶこととして、「リーダーシップ・エンジン」装備の組織構築の重要性を強調した。いまこうしてバーナードの「権限受容説」的な考え方にもとづく組織運営ということを評価してみると、両者は深く連動しているのではないかという感想をもつ。私なりに結論的にいえば、ウェルチが生み出した「リーダーシップ・エンジン」装備の組織というのは、バーナードの「権限受容説」的な理解に立つ組織運営のための、まさに組織インフラの整備を意味しているということである。

バーナードの組織論は、元来、それまでの客観主義的な組織論に対して、優れて人間主義的な組織論であるといわれてきた。しかしそれは、いずれにしても実践的には個々の担い手の力量を問う厳しい組織論である。その点を端的に示しているのが、「権限受容説」の考え方であろう。そうであるがゆえに、今日改めてその意義が問われる価値がある。

参考文献

Argyris, C. (1957), *Personality and Organization*：邦訳『組織とパーソナリティ——システムと個人の葛藤』一九七〇年、日本能率協会

Argyris, C. (1964), *Integrating the Individual and the Organization*：邦訳『新しい管理社会の探究』一九六九年、産業能率短期大学出版部

Barnard, Ch. I. (1938), *The Functions of the Executive*：邦訳『新訳・経営者の役割』一九六八年、ダイヤモンド社

Bartlett, Ch. A. and Ghoshal, S. (1997), *The Individualized Corporation*：邦訳『個を活かす企業——自己変革を続ける企業の条件』一九九九年、ダイヤモンド社

Chandler, A. D. Jr. (1962), *Structure and Strategy*：邦訳『組織は戦略に従う』二〇〇四年、ダイヤモンド社

Galbraith, J. (1973), *Designing Complex Organizations*：邦訳『横断組織の設計』一九八〇年、ダイヤモンド社

グロービス・マネジメント・インスティテュート（二〇〇二）『個を活かし企業を変える——絶えざる企業変革を促す三つのI』東洋経済新報社

Herzberg, F. (1966), *Work and the Nature of Man*：邦訳『仕事と人間性——動機づけ・衛生理論の新展開』一九六八年、東洋経済新報社

飯野春樹編（一九七九）『バーナード経営者の役割』有斐閣

加護野忠男（一九八〇）『経営組織の環境適応』白桃書房

経済同友会・グループ98（一九九八）『二一世紀の企業道——企業と個人の「素敵な恋愛関係」』経済同友会

Lawrence, P. R. and Lorsch, J. W. (1967), *Organization and Environment*：邦訳『組織の条件適応理論』一九七七年、産業能率大学出版部

Leonard-Barton, D. (1995), *Wellspring of Knowledge*：邦訳『知識の源泉——イノベーションの構築と持続』二〇〇一年、ダイヤモンド社

Likert, R. (1961), *New Patterns of Management*：邦訳『経営の行動科学——新しいマネジメントの探究』一九六八年、ダ

イヤモンド社

Likert, R. (1967), *The Human Organization: Its Management and Value*：邦訳『組織の行動科学——ヒューマン・オーガニゼーションの管理と価値』一九六八年、ダイヤモンド社

March, J. G. and Simon, H. A. (1958), *Organizations*：邦訳『オーガニゼーションズ』一九七七年、ダイヤモンド社

Maslow, A. H. (1954), *Motivation and Personality*：邦訳『人間性の心理学』一九七一年、産業能率短期大学出版部

McGregor, D. (1960), *The Human Side of Enterprise*：邦訳『〔新版〕企業の人間的側面』一九七〇年、産業能率短期大学出版部

三戸 公（一九七三）『官僚制——現代における論理と倫理』未来社

野中郁次郎（一九七四）『組織と市場』千倉書房

野中郁次郎（一九八五）『企業進化論』日本経済新聞社

野中郁次郎（一九九〇）『知識創造の経営』日本経済新聞社

野中郁次郎・竹内弘高（一九九六）『知識創造企業』東洋経済新報社

Pfeffer, J. (1998), *The Human Equation: Building Profits by Putting People First*：邦訳『人材を活かす企業——経営者はなぜ社員を大切にしないのか』一九九八年、トッパン

Simon, H. A. (1947), *Administrative Behavior*：邦訳『経営行動』第三版新訳、一九八九年、ダイヤモンド社

坂本和一（一九九四）『新しい企業組織モデルを求めて』晃洋書房

占部都美編（一九七九）『組織のコンティンジェンシー理論』白桃書房

第V章

「オンリーワン」をめざして

――APU創設で、大分県「一村一品」運動から学んだこと――

「一村一品」運動のシンボルマーク
（経済産業省）

はじめに

私は一九九七年から二〇〇三年の間、大分県別府市での立命館アジア太平洋大学（APU）の開設（二〇〇〇年四月開設）に関わった（学長予定者および学長として）。この大学は、当初の構想・計画から、「学生の半数（五〇％）を外国からの国際学生で構成する」という、わが国ではこれまで計画されたことのない本格的な国際大学として構想された。それはまさに、日本の大学改革におけるいわば「オンリー・ワン」の戦略として打ち出された、画期的な新大学の創設であった（APU創設の経緯について詳しくは、坂本和一（二〇〇六）を参照）。

二〇〇〇年四月に開学したこの国際大学は今日順調に発展しているが、このAPUを準備し、開設を進める作業のなかで、私は、もう一つ新しい経験をした。この新大学は立命館が大分県からの、それも他にあまり例をみない大型の公私協力をえて実現したのであるが、この過程で、前知事平松守彦氏の主導の下、大分県がかねてから取り組んでいた独特の地域振興策、いわゆる「一村一品」運動を身近に経験したことである。

大分県の「一村一品」運動は、その名称からも理解されるように、県下のそれぞれの市町村が他の地域のまねのできない「一品」、つまり「オンリー・ワン」を創り出そうという地域振興の運動である。もとより立命館が大分県とAPU創設で連携したのは、直接には大分県「一村一品」運動との関わりからというわけではなかった。しかし、大分県のサイドからすれば、わが国初の本格的な国際大学APUの創設誘致は、「オンリー・ワン」の創造をめざす「一村一品」運動のいわば究極の成果の一つであったといえるかもしれない。

私は、大学改革における「オンリー・ワン」をめざすAPU創設の現場の責任者として、公私協力の相方である大分県の「一村一品」運動と、当然のことながらさまざまな局面で接点をもった。そして、この運動とその主導者である平松氏から多くのことを学び、その教訓をAPU創設の仕事に活かすことができた。

本章はこのことを、少し具体的に振り返ってみようとするものである。

1　大分県「一村一品」運動

(1)　歴　史

大分県の「一村一品」運動は、数ある日本全国の地域振興策のなかでも、特異の、しかも実効性のある政策として世に知られている。

この運動は、一九七九年、平松守彦氏（前知事）が大分県知事に初当選したときに、農林水産業中心の県だった大分県を振興するために提唱されたものである。

「それぞれの市町村ごとに何か一つ誇れるものをつくろう。農産物でもいいし、観光でもいい、民謡でもいい。何でも売り出して全国的にも有名なものをつくろう」。

これが新任知事としての平松氏の呼びかけであった。

平松氏のこの提唱には、背景があった。平松氏は大分県の生まれであるが、長年、東京霞が関で中央行政（通商産業省。現在の経済産業省）に携わり、とくに日本のコンピュータ産業行政では産業史に名を留める高い業績を上げてきた。しかし、知事として生まれ故郷に帰り、一転して一県の地方行政に携わることになってみると、大きな壁に直面することになった。

それは、過疎化が進む日本のどの地域にも共通して漂っていた「事なかれ主義」「無気力感」といったものであった。何かをやろうと呼びかけても、「行政は何もしてくれない。人もいない、予算もない」との嘆き節ばかりで、自らすすんで立ち上がろうとしない。大分地方には、「面倒くさい、あまりやりたくない、投げやり、無責任、口先ばかりで実行が伴わない」ことを意にこめて「よだきい」という方言があるが、平松氏はこの、いわゆる「ヨダキイズム」からの脱却なしにはこの地域の活性化はないと考えた。

平松氏は一九七九年、知事に当選する前に、一九七五年に前知事からスカウトされて、副知事を四年間務めていた。したがって、この「ヨダキイズム」の克服という課題は、副知事時代からの課題であり、知事に就任して、いよいよこのことが県政をリードする自らの責任となってきていた。

平松氏が大分県知事就任早々、「一村一品」運動を提唱したのは、副知事時代の地道な現場活動で、地域の課題と人々の状況を具体的につかみ、それまでに、これこそが「ヨダキイズム」を克服して、県民が自ら地域振興に立ち上がってくれる道筋を示すものとなると確信していたからであった。

たとえば、大山町の青年たちは、「どうしたら自分たちのまちが自立できるようになるのか」を真剣に考え始めていた。そして「ウメ、クリ植えてハワイに行こう」を合言葉に、地域に適した商品づくりに取組み始め、農業を楽しいものに変えようとし始めていた。

また湯布院町では、乏しい財政のなか、すでに一九七〇年代初めに、その後今日の「由布院ブランド」をつくり上げるリーダーとなった三人の青年たちを五〇日間ヨーロッパの観光地の見聞に派遣し、同系の観光地のさまざまな経験を勉強させた。そして、青年たちは帰国後、「明日の由布院を考える会」を立ち上げ、全国の大観光地の行き方に媚《こ》びない、この地域の特性に根ざした、新しいタイプの観光地づくりに取組みを開始していた。

大分県は財政的には豊かではなかったが、これら大山町や湯布院町に代表されるように、この地域の文化や自然、地形の多様性を生かした「まちづくり」意識が芽生えてきており、そこから全国的にも独自性の高い「まちづくり」のコンセプトを生み出しつつあった。

新知事平松氏はここにこそ「ヨダキイズム」を克服し、これからの大分県活性化の鍵があると直感していた。それが、就任直後に、「一村一品」運動というコンセプトを打ち出した背景であった。

「2006 一村一品国際セミナー in大分」パンフレット

こうして始まった大分県の「一村一品」運動は知事平松氏のリーダーシップで県下の市町村に浸透し、「むらおこし」「まちおこし」の「一村一品」がラインナップされることになった。

このなかで、麦焼酎の「二階堂」や「いいちこ」、「関さば・関あじ」「城下かれい」「臼杵ふぐ」といった鮮魚、「しいたけ」や「かぼす」「ハウスみかん」などの農産物が今日全国ブランドとして私たちの日常生活の馴染みの物産に育っている。また、「由布院」や「日田」が新しい温泉観光ブランドとして全国化し、別府の「アルゲリッチ音楽祭」は毎年全国から多くの熱心なファンを呼び寄せている。

こうした「一村一品」が育ってくるなかで、この地域を支配していた「ヨダキイズム」もだんだん克服されてくることになった。

今日、大分県「一村一品」運動は二七年目を迎えている。このなかで、これまでに誕生した産品は三三六品目に及ぶという（「一村一品」といっても、一市町村で複数の産品が「一村一品」品目に登場、登録されている）。もとより、すべてが成功したわけではない。これらのなかには、まもなく消えていったものもある。しかし、その半数近くが年間売上げ一億円を超え、一九品目については一〇億円を超えている（一九九九年度）。この数年は、品目数は横ばいになっているが、販売総額はスタート時の三・五倍になり、販売額は増え続けている。

(2)　運動の「三原則」

平松氏は、この「一村一品」運動がここまで成功したのには、三つの運動原則に徹したことが有効であったとのべている。

第一は、「ローカルにしてグローバル」という原則である。地域の文化と香りを守りながら、全国、世界に通用するものを創る。いい換えれば、その地域独特の個性ある文化と香りを全国、世界で通用するもの、堪えられるものに磨き上げようということである。まさに地域の文化と香りの、全国、世界への「オンリー・ワン」創造戦略である。

第二は、「自主独立・創意工夫」という原則である。何をその地域の「一村一品」に選び、育てるかは、その地域の住民が自主的に決める。したがって、「一村一品」のリスクはその地域住民がとらなければならない。行政の役割は、あくまでも技術やマーケティングなどに対する側面支援に徹することになる。

第三は、「人づくり」という原則である。「一村一品」運動というと、「モノづくり」運動のようにみられているところがある。しかし、それは単なる「モノづくり」の取組みではない。その究極の目標は「人づくり」であると、平松氏はいう。先見性のある地域リーダーがいなければ、「一村一品」運動は育たないし、持続できないからである。いかにして、新しいことに挑戦する、創造的な地域人材を育成するか。これが「一村一品」運動の大原則であり、究極の目標である。

「一村一品」運動の成功の鍵を握るのは、何といってもリーダーの存在である。その意味で、第三の原則は格別の意義をもつ。

もともと平松氏が「一村一品」運動の立上げを確信したのは、大山町や湯布院町における「まちおこし」リーダーの存在であった。いまや温泉観光の全国ブランドとなった湯布院町の「まちおこし」

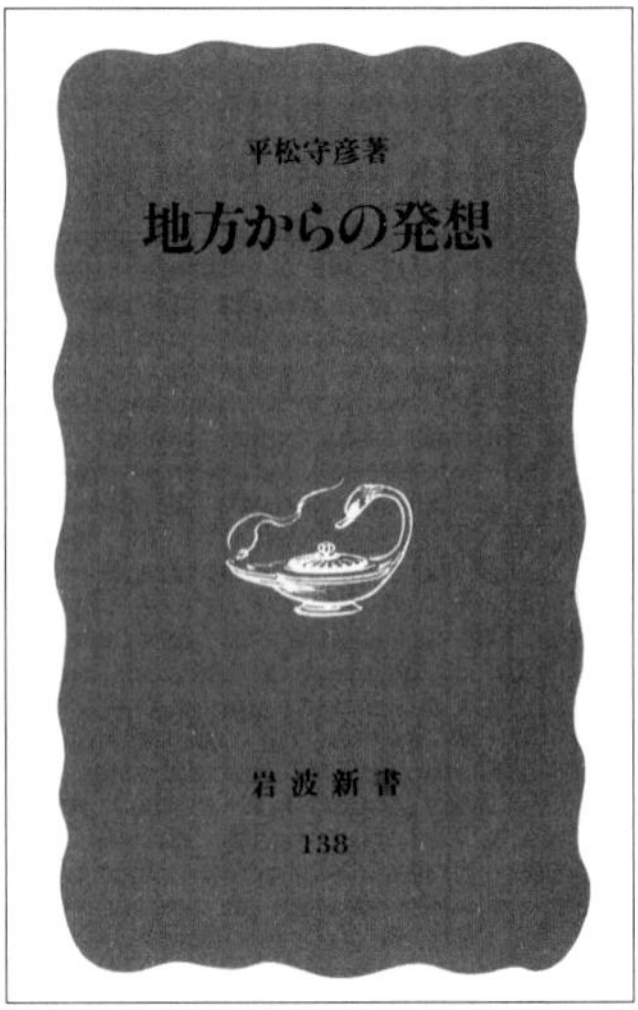

平松守彦著『地方からの発想』1990年、岩波書店

は、中谷健太郎氏、溝口薫平氏といった地域リーダーたちのリーダーシップなしにはありえなかったといっていいし、平松氏自身、かれらの存在を信頼したからこそ、「一村一品」運動という地域振興のコンセプトを打ち出すことができた。

平松氏は、一九八三年、そのような地域リーダー、「一村一品」運動を担う人材を全県下で系統的に発掘、育成するために、「豊の国づくり塾」を発足させた。「豊の国づくり塾」の課程は二年で、一年目は地域リーダーや企業トップを講師に招いての学習課程であり、二年目からはそれぞれ自らが具体的に行う実践課程となる。これまでに、塾の卒業生は二、〇〇〇名を超えた。「豊の国づくり塾」の活動はさらに県下の市町村レベルに浸透し、地域や独自グループでの塾の開設がすすむことになった。

このような努力があって、大分県では「一村一品」運動がしだいに根づいていくことになった。

もとより「一村一品」運動のすべてがうまくいったわけではない。なかなか思うように成長できなかったり、途中で頓挫した「一村一品」も数多くある。このような状況をみて、「一村一品」運動の限界を論ずる向きもないわけではない。しかし、この運動のなかで、それまでの大分県では考えられなかったような数々の全国ブランドが誕生してきたことは疑いもない事実である。そして何よりも、この運動のなかから、困難があっても粘り強く自らの知恵と工夫で「まちづくり」「むらづくり」をやっていこうという地域リーダーが層として誕生してきている。このことは、貴重な成果といわなければならない。

後半で改めて触れるが、この「一村一品」運動のコンセプトは日本国内でよりも、いまや国際的に地域振興のコンセプトとして、アジアやアフリカの多くの国、地域で採用されつつある。日本政府もこれまでのハード面での海外経済援助（ODA）に代えて、ソフト面からのODAとして、このコンセプトの浸透を支援する方向を打ち出している。まさに「一村一品」運動のグローバル化が始まっている。

〔以上、主として、平松守彦（二〇〇六）、大分県一村一品二一推進協議会（二〇〇一）、平林千春（二〇〇五）、木谷文弘（二〇〇四）、などによる。〕

※前出の「大山町」は、二〇〇五年平成の市町村大合併で隣接の「日田市」に編入合併された。また、「湯布院町」は、一九五三（昭和三〇）年、「由布院町」と「湯平村」が合併してできたが、二〇〇五年、市町村合併で成立した「由布市」に吸収され、独立の地方自治体ではなくなった。

2　ＡＰＵ創設

(1)　わが国初の本格的国際大学ＡＰＵ

二〇〇〇年四月、学校法人立命館の手によって、大分県別府市でＡＰＵが開学した。この大学は、当初より「学生の半数を日本国外からの国際学生で構成する」ことを構想の基本におき、実際にも現在学生の四〇％以上(実数で約二、二〇〇名)が国際学生で構成されていること、講義は英語と日本語の二言語で行うなどの特徴をもち、日本では最初の本格的な国際スタンダードの大学である。

この大学創設事業の最大の特徴の一つは、立命館がこれを大分県および別府市からの土地の全面提供や施設設備建設に対する補助など、日本ではあまり例をみない大型の協力(公私協力)を得て開設したことである。このことを通して、立命館は、期せずして大分県の「一村一品」運動と重要な接点をもつことになった。

ＡＰＵ創設の動機は、大きく二つの点から成っている。第一は二一世紀は「アジア太平洋の時代」であるとの認識の下に、この新しい時代の創造を担う若き人材を養成する、アジア太平洋地域の新しい拠点を構築することであった。第二は、現在、著しく立ち遅れている日本の大学の国際化に一つのブレークスルーを試みることであった。

アジア太平洋地域の人材養成拠点

大学名に「アジア太平洋」というコンセプトを使っていることにも示されているように、ＡＰＵの創設は、来るべき二一世紀に対する鮮明な時代認識と課題意識をもっている。これが、この大学の大きな特徴である。

二一世紀が、これまで私たちが経験してきているレベルをはるかに超える、本格的な国際化、グローバル化の時代となるであろうことは多くの人々の共通認識となっている。しかし同時に、この動きをもう少し具体的にみると、二一世紀には世界人口の約六〇％が住むアジア太平洋地域の発展が地球的な国際化を牽引する、いわゆる「アジア太平洋の時代」を迎えるのではないかということである。また、そのような時代をアジア太平洋地域の人々の努力と英知、協力で創り出していくことが、いまこの地域に住む人々に求められていると考えられる。

こうして、私たちが二一世紀に自らの力でアジア太平洋地域の持続的で平和な発展をつくり出していこうとする際、最大の課題となるのは、そのようなアジア太平洋地域の発展を現実に担う、この地域の有為な若き人材の養成に他ならない。ＡＰＵは二一世紀の日本の高等教育機関として、このような課題で積極的な貢献を果たしていきたいと考えている。このような時代認識と課題意識が、この大学の構想の背景にある。

このような課題を果たすために、ＡＰＵは、①自由・平和・ヒューマニズム、②国際相互理解、③アジア太平洋の未来創造、という三つの理念と使命を掲げている。さらに、これらの理念・使命を実現するために、具体的に、①アジア太平洋の人材養成、②「アジア太平洋学」の構築、③産業界および地域との積極的な協働、という三つの課題を設定している。

ＡＰＵは、このように「アジア太平洋の時代」における、アジア太平洋地域の人材養成の国際拠点をめざしている。しかし、受け入れる人材を決してこの地域の人々に限定しているわけではない。

今日「アジア太平洋の時代」の到来が展望される状況のなかで、この地域の動向、この地域の長い歴史的伝統や文化、自然に関心をもつ世界の人々、とくに若者たちが多く存在している。そのような、アジア太平洋地域以外の人々も、機会と場所があれば、この地域での教育と研究を望んでいる。アジア太平洋地域の人々はもちろん、このようにアジア太平洋地域の文化や社会・経済動向に関心をもつ世界中の人々、とくに若者たちに開放された教育・研究拠点を創る、これがＡＰＵのめざすところである。

日本初の「国際スタンダード」の大学創造

ＡＰＵはさらに現在日本の大学が直面している大学改革の課題、とりわけ、国際化の取組みに一つの思い切った切り口を開けるという課題意識をもっている。そして、この点で大きなイノベーションを果たせないようでは、世界に向けて、ＡＰＵがアジア太平洋地域の人材養成の国際拠点であるなどということをいえるわけがない。両者は、密接に結びついている。

日本の大学をめぐる国際的な環境をみると、すでに一九八〇年代以来、大学間の激しい国際的な競争は常識であった。とくにアジア地域の高校生の大学選びが国際化し、各国、各地域でそれぞれの内部の大学と米・欧の大学がかれらの厳しい選択の目に晒されるなかで、各大学は互いにその教育と研究の水準や特徴、個性を競ってきていた。しかし、残念ながら、日本の大学は海外からの国際学生受入れを希望しつつも、大学そのものを積極的にこのような国際的環境のなかにおき、国際的に通用力があり、信頼され、評価される大学づくりを意識的にめざしているとは、とてもいえない状況が続いてきている。

しかし、社会、経済全体のグローバリゼーションが急速に進むなかで、また、より多くの優秀な国際学生や研究者の受入れが必要となるなかで、ようやく日本の大学はいま、自らが取り巻かれている国際環境の厳しさに目覚めつつある。

大学の国際化は、長くいい古されてきた。しかし、日本の大学の国際化はこれまで、いわば「出かけていく国際化」に大きな力を注いできた。それは、条件の整ったごく一部の学生、大学院生、研究者だけが享受できる海外留学や海外研修である。しかし、今求められているのは、逆に「迎え入れる国際化」である。日本の大学にもっと多くの国際学生や研究者を迎え入れ、日本の大学そのものを国際的な環境をもったものとすることである。

しかし、このような大学の国際化を進めていくためには、日本の大学の教育や研究が国際的な通用力をもち、国際的に信頼され、評価されるものとならなければならない。それなしには、いくら口でいってみても、多くの優れた国際学生や研究者が日本の大学に往来してくれない。大学の国際化という場合、まず、第一に問われているのはこの点である。

今、日本の大学に求められているのは、「国際的に通用力があり、信頼され、評価される大学」づくりを現実に、いかに進めるかということである。

(2) いかにして「国際スタンダード」の大学をつくるか

この点で、まずもっとも基礎的なこととして、「学生がもっと勉強する大学づくり」はとくに急務である。今、率直にいって日本の大学教育システムは、学生の能力を磨く点で国際的に高い評価をえているとはいえない。その一つの点は、残念ながら、日本の大学生は、もとより人によるが、国際的な平均状況に比べて、一般に入学したらあまり勉強しないということである。この点を早急に組織的に改革していくことが、日本の大学の教育効果の点で大切である。同時に日本の大学の国際的信頼性、国際的通用力を高める点でも、これはきわめて重要、かつ緊急な課題である。グローバルな視野で大学選びを進める世界の若者たちは、みな、日本の大学のこの点をみている。

しかし、変化する国際環境のなかで、日本の大学が国際的信頼と評価を確保していくためには、さらに積極的に、早急に世界の大学との自由な交流が可能な組織的、システム的な条件をつくり上げる必要がある。まして、「アジア太平洋時代」の国際的な人材養成拠点として、アジア太平洋地域はもとより、全世界からの学生を迎えようとするなら、このことは不可欠の課題である。

この点では、とくに大学教育の国際的なシステム互換性の確立が急務である。最近日本で大学の国際競争力とか、国際水準が問題とされることが多くなっていることは、大いに意義があることである。しかし、この場合、どちらかといえば日本の大学の「研究」力量の点が問題とされている。他方、日本の大学の「教育」力量の側面については、これを「研究」力量の側面と結びつけて論じられることは少ないように思われる。

しかし、日本の大学の研究力量の問題は、その教育力量と深く結びついている。日本の大学は、早急にその教育力量を高め、それによって国際的に魅力のある大学をつくり、そこに国際的に有為の人材が集まってくるような環境をつくり出すことが必要とされているのである。そのような多才で有能な人材の集まる教育環境こそが、将来、日本の研究水準を支える条件をつくり出すことになる。

そのためには、まず何よりも日本の大学の教育システムを、国際的に互換性のある、オープンなものに再構築する必要がある。そして、この側面から、日本の大学の国際的魅力と、人材養成能力を世界に示していくことが求められている。このような日本の大学教育の国際的互換性の確立にとって、もっとも基本的な条件の一つが、大学教育における使用言語の国際化である。日本語のみによる日本の大学教育の環境が、その国際的互換性、オープン性を大きく妨げていることは、衆目の一致するところである。日本の大学は、まず、この点からその教育システムや教育スタッフ編成の再編成に取り組まなければならない。

二〇〇〇年四月に開学したＡＰＵは、このような大学をめぐる国際環境の変化を強く意識し、それへの対応を日本の大学としては、もっとも先進的に、かつ徹底して取り組んだものである。これによって、「アジア太平洋の時代」の国際的な人材養成の拠点づくりをめざそうとした。したがってそれは、自ずから日本の大学界における「オンリー・ワン」戦略とならざるをえなかった。

(3)　ＡＰＵの試み

それでは、ＡＰＵは「オンリー・ワン」戦略として具体的にどのような新しい仕組みを用意したであろうか。

「国内学生五〇％・国際学生（留学生）五〇％」

そのもっとも重要なものは、学生定員の半数を外国から迎え、日本の学生と国際学生（国際学生）を五〇％対五〇％で編成することとした点である。ＡＰＵの学生定員は創設時一学年八〇〇名で設定されたので、一学年四〇〇名、四学年で一、六〇〇名の外国からの国際学生がＡＰＵのキャンパスで学ぶことになった。この「国内学生五〇％・国際学生五〇％」の仕組みこそは、ＡＰＵの最大の特徴であり、ＡＰＵの国際性と革新性を象徴する点である。

この点については、APU構想の当初、当時の日本の国際学生受入れの進捗状況から、社会的にはその困難性が多く語られた。しかし、私たち立命館の関係者は、この仕組みによってつくり出される多国籍・多文化の教育環境の実現こそ、この大学を開設することの生命であると考え、ねばり強く努力してきた。

APUは現在、開学七年目を迎えている。APUには、現在、世界七四の国・地域から二、一六〇名の国際学生(学部学生一、九四二名、大学院学生二一八名)が在籍している(二〇〇六年九月二一日現在)。学部学生については、学生定員増や、それにともなう国内学生数の増加で、国際学生比率は四〇%になっているが、それでも外国人学生がこれだけの規模を占める大学は、わが国では例をみないことである。

APUの国際学生についてきわ立った特徴は、中国、韓国、台湾という北東アジアの三つの国・地域からの学生が、絶対数の上では多いとはいえ、それが占める比率が四七・八%にとどまっており、あとの約半数は東南アジアを中心に全世界からの学生であるという点である。これは、日本全体の状況とは大きく異なっている。現在日本の国際学生は一一万名を超えているが(二〇〇六年五月現在、一一万七、九二七名)、その六三・〇%が中国からの学生であり、中国、韓国、台湾を合わせると八〇・一%に達しているからである。APUへの国際学生は、こうして、中国、韓国、台湾だけではなく、またアジアからだけではなく、広く全世界から集まりつつある。

これは、なぜか。それは、APUの教育システムと深く関わっている。このことはつぎの項目で改めてのべるが、いずれにしても、このような国際的で「マルチカルチュラル」な教育環境の創造は、現在日本の大学教育現場が抱えているさまざまな問題、たとえば勉学意欲や基礎学力の停滞などの問題に対しても、大きな刺激を与えている。実際にＡＰＵでは、まだ短期間の経験であるが、国際学生の高い勉学意欲や活発な活動が、日本の学生たちの勉学態度にきわめて積極的な影響を与えていることが観察されている。私は、「学生がよく勉強する大学」づくりに関しても、まず何よりも教育現場の抜本的な国際化、マルチカルチュラル化が必要であると考える。

英語・日本語二言語による教育システム

実際に、ＡＰＵのさまざまな仕組みの特徴は、基本的にこの「国内学生五〇％・国際学生五〇％」のコンセプトを具体化するために必然的に導かれたものであるといっても過言ではない。その一つは、講義を英語と日本語、二言語で並行して行うシステムを採用している点である。

現在、日本への留学が敬遠される大きな理由の一つは、日本語の事前学習を必要とする日本の大学の勉学環境にある。外国留学をめざすアジア地域の学生たちは、すでに相当高いレベルの英語運用能力を身につけている。しかし、日本の大学へ留学をめざす学生は日本語の事前学習のための余分な労力と時間と費用を強いられることになっている。もし、日本の大学が英語による教育システムを備えていれば、アジア地域からも、また、全世界からも、もっとたくさんの若い優秀な人材が日本の大学に入学してくるであろうことは間違いない。

現在日本の大学が抱えている日本語による教育システムの制約を抜本的に改善しようとするのが、ＡＰＵにおける英語・日本語二言語による教育システムの開発である。これによって、入学時点で英語か日本語のどちらかの運用能力を備えていれば、大学の正規の授業を受講することができ、前半二年間の学習システムのなかで、三回生からはどちらの言語でも受講が可能となるよう、基礎的な専門科目の学習と平行して、日本語能力がトレーニングされている。これによって、ＡＰＵへは、世界からの国際学生の入学が格段に容易となっている。

実際に、ＡＰＵ国際学生の出身国・地域の多様な構成は、このような教育システムの改革がもっとも大きな背景になっている。ＡＰＵでは、当初は、日本語能力が十分でなくても、英語の運用能力が身についていれば入学してすぐ正課の勉学を開始できるので、広く全世界から学生が入学可能である。そこで、アジアから、これまでなら米・欧へ留学に向かう層がＡＰＵに入学してくる。また、米・欧その他の国・地域から、アジア太平洋地域に関心をもつ若者がＡＰＵへ入学してくる。そのような状況が、世界七〇を超える国・地域から入学してくるＡＰＵ国際学生の多様な構成に表れているのである。

外国出身の教員比率五〇％

以上のような国際的で、「マルチカルチュラル」なキャンパス環境での教育システムを支えるためには、さらに教員の編成についても当然、抜本的な国際性が求められる。学生の構成が「国内学生

2　ＡＰＵ創設　268

五〇％・国際学生五〇％」となるので、教員の編成もその相当の割合は外国出身の教員としたいと考えた。そこで、これを実現するために、教員の募集もこれまで経験的にやってきた方法をやめて、インターネットを用いて、全世界に応募を呼びかけた。これには、世界各国・地域から予想をはるかに上回る応募が寄せられた。

結果として、実際に教員約五〇％が外国出身者で構成されることになり、しかも現在二〇を超える国籍から成る、多彩な構成の教員スタッフが活動している。

3　ＡＰＵ創設が大分県「一村一品」運動から学んだもの

(1)　大分県「一村一品」運動のなかのＡＰＵ

立命館にとって、大分県の協力をえて国際大学ＡＰＵ創設に取組みを開始したことは、当初は、大分県の「一村一品」運動とは直接関係のないことであった。

しかし大分県サイドからすれば、「一村一品」運動を成功させてきた地域振興の実績と県民の活力の蓄積、そしてとくにこの運動を通してアジア地域の多くの地方自治体との交流の拡がりがあったからこそ、立命館サイドの「アジア太平洋時代」を見据えた国際大学創設構想と接点を見つけ、協力関係を構築することに成功したといえる。当初、知事平松氏は「アジア立大学」創設という表現で立命館との協力関係構築をうたっている。この背景には、「一村一品」運動の実績を基盤に、平松氏自身がリーダーシップをとって開催を重ねてきていた「アジア九州地域交流サミット」の実績があった。

こうして、大分県サイドからすれば、とくにリーダーであった平松氏からすれば、立命館の国際大学創設構想との協力関係は、「一村一品」運動展開の延長上にあったとみて間違いない。その意味では、大分県にとっては、別府市におけるＡＰＵ創設は、「一村一品」運動のいわば究極の成果の一つであったといえるのかもしれない。

(2) ＡＰＵ創設が大分県「一村一品」運動から学んだもの

立命館にとって、国際大学ＡＰＵ創設の取組みは、大分県との協力関係を前提として始まったが、当初は平松氏が「一村一品」運動の提唱、推進者であるということ以上に「一村一品」運動との関係を特別意識するものではなかった。少なくとも私自身はそうであった。

しかし、学長予定者として創設現場の責任を預かることになった私は、しだいにＡＰＵ創設という事業と「一村一品」運動との精神的共通性を強く意識することになった。両者に共通の精神とは、「オンリー・ワン」をめざすという戦略のことである。

両者は事業的には、まったく異なる領域に属するものである。しかし、事業戦略的にみれば、いずれにしてもそれぞれの領域での「オンリー・ワン」をめざすという点では、まったく共通の理念、精神をもっている。

そのことを理解したとき、私は改めて「一村一品」運動のもつ意義を見直すとともに、それから多くの精神的励ましと具体的なアイデアを得ることになった。

「オンリー・ワン」戦略としての「一村一品」運動を成功させるための要諦は、二つある。第一は、「一品」の品質、あるいはユニークさである。第二は、そのマーケティング、とりわけ「一品」のブランド戦略である。要するに、本来なら全国的、世界的にはほとんど名もない一地方の「一品」の良さを、いかにして社会的に広く知ってもらうかということである。

この点では、同じく「オンリー・ワン」戦略をめざすAPU創設も、課題は同じであった。

技術革新

「一品」が「一品」たるためには、まずなによりもそれが、他に類例をみないような品質、あるいはユニークさをもたなければならない。そのために求められる条件は、技術革新である。

農林漁業の産品の場合には(「一村一品」にはこの領域のものが圧倒的に多いが)、その品質やユニークさはもともとの自然条件や、歴史的に形成された産地の特性によって決定されている場合が多いのは事実である。「関さば・関あじ」は佐賀の関の岬の海流の特性が育てたものであるし、「かぼす」や「しいたけ」はもともと大分県の特産である。したがって、その品質やユニークさを技術革新で創出するといっても、工業製品の場合と違い、大きな制約がある。

また他方、このような農林漁業の産品は、まったくその地域だけの産品ということは稀で、同種ないし類似の産品は国内的にも、国際的にも、かなり広範に産出されるものである。「さば」や「あじ」自身は広範な海域で採れる魚であるし、「かぼす」や「しいたけ」も普遍的な産品である(「かぼす」は大分県独特の柑橘類であるが、同種の柑橘類はかなり広範に産出されている)。したがって、その品質やユニークさでの差別化は実際には微妙で、自然のままでは、なかなか難しい。

そのようななかにあっても、産品の差別化のために技術革新は重要な課題である。魚介類については、とくに産品の鮮度を保つための漁法や輸送方法の技術革新が大きな意味をもつ。農産物にあっては、絶えざる品種改良なしには差別化の維持は困難であろう。

工業製品である大分県の「麦焼酎」については、開発当初の技術革新が今日の優位性の基盤となっている。芋や米を原料とする焼酎はとくに九州では広く醸造され普及してきたが、これに対して大麦を原料とする麦焼酎は、それまで匂いが強く、あまり人気のないものであった。この麦焼酎を、今日焼酎売上げのトップブランドにまで育て上げたのについては、先発メーカー二階堂酒造と、「いいちこ」の醸造元、三和酒類の執念にも似た画期的な技術革新があったからである。この二つのブランドの全国化が引き金となって、大分県では、今日一〇を超える麦焼酎ブランドが競い合う状況がつくり出されることにもなった。

このような技術革新が求められる状況は、大学や教育の世界においても類似のものがある。大学や教育の世界も、これまで一見違いのない営みが広範に広がってきていた。この世界はこれまで制度によって守られてきたこともあり、担い手によってそれほど違いがないのも当然のことと思われてきた。

しかし、この間、大学間、学校間の競争激化により状況は大きく変わりつつある。いかに教育システムや教育コンテンツに差別化を図れるか、つまり技術革新が最重要課題となってきている。

しかし、大学や教育界でのシステムやコンテンツの差別化は、口で論ずるほど容易ではない。多少の差別化はたちまち追随が起こり、消滅してしまう。もとよりそのことにより社会的な前進が実現することの意味は大きい。しかし、個別組織の競争という面からみれば厳しいものがある。

この点に関わっては、APU創設は、なかなか決定的な技術革新が打ち出せない大学界にあって、他の追随を許さない、画期的な技術革新を打ち出すことができたと自負できる。

国際学生が学生の半数を占めるマルチカルチュラルな学生構造、英語・日本語二言語によるバイリンガル教育システム、半数が外国人から成る教員構成など、国際化を叫びながらいまだ打ち出せなかった大学教育国際化の技術革新を、APUは推進している。

マーケティング

農林漁業産品が大きなウエイトを占める「一村一品」運動の場合、「一品」がそのユニークさを打ち出すことは、技術革新との関わりからみると、いずれにしてもなかなか至難である。何よりも、「一品」がその地域だけの産品であることはごく稀であり、類似の産品や代替可能な産品が広範に存在している場合が圧倒的に多い。それらのなかで、「一品」を技術革新の力で差別化することには、産品の性格上、厚い壁がある。

そこで、もう一つ重要な要素となるのは、マーケティングの力である。その「一品」のユニークさをいかにより広範なユーザーに理解してもらい、いかにそのブランドのファンとなってもらうか。このための努力がマーケティングであり、これを実現する力がマーケティング力である。

大分県の「一村一品」運動はこの力を意識的に駆使し、成功を収めた。多分それは、工業製品を扱う企業の世界では常識になっているマーケティングの手法を農林漁業産品の世界に意識的に導入した最初のケースであろう。この間の状況を豊富な事例で紹介した平松氏の著書『地方からの発想』（岩波新書、一九九一年）は、マーケティングの絶好のテキストである。

知事平松氏は、かれ自身が大分県「一村一品」のトップ・セールスの担い手であった。平松氏は大分県の「一村一品」を全国版にするためには、まず何よりもそれを東京で認知してもらうことが肝要であると考えた。そのために、知事としての活動力を発揮してさまざまな努力を試み、効果を上げた。

大分県「一村一品」をアピールするために、一九八一年以来数回にわたり、東京の一流ホテル、ホテルオークラの大広間「平安の間」を借り、「大分フェア」を開催した。ここに水槽をもち込み、親交のある官界、政界、経済界、文化界、マスコミなどの著名人、一、〇〇〇名を集め、平松氏自身ハッピを身につけて、「関さば・関あじ」始め大分県の鮮魚類の売込みの陣頭に立ったことは、語り草となっている。このようなマーケティング努力が実り、「関さば・関あじ」はこの世界では破格のブランド産品となり、市場で高値をつけることになった。

また平松氏は、夜宴席が予定されている出張の際には必ず大分県の麦焼酎、「二階堂」と「いいちこ」、それに「かぼす」を持参し、自ら「かぼす」を使った焼酎の飲み方を実演して、それらの産品の美味さをアピールするのを常とした。このような努力が効果を現し、銀座で麦焼酎のボトルキープが登場することにもなった。私自身も最初に平松氏と宴席を共にしたとき、テーブルの上にずらっと大分県の麦焼酎と「かぼす」が並べられて、その熱意に圧倒されたのを記憶している。

平松氏のさまざまな機会をとらえてのトップセールスの効果もあり、大分麦焼酎は、それまでの焼酎王国、鹿児島、宮崎県を凌いで全国トップに躍り出た。またそれは、今日の焼酎ブームにつながる流れのきっかけを作ったともいえる。

平松氏のこのようなマーケティング指向の行動は、国内だけには止まらなかった。私はＡＰＵ創設の仕事に入ってから平松氏と外国主張を共にすることが度々あったが、どのような場所でも、話の機会には必ず大分県「一村一品」運動とＡＰＵのアピールを入れた。

このような平松氏との交流のなかで、私は観念論ではないマーケティングの実践を学んだ。

ＡＰＵ創設にとっての最大の難関は、日本の大学がこれまで試みたことのない海外での学生募集であった。まだ具体的な姿のない大学への学生募集は日本国内でも容易でないことは常識である。これを、アジアを中心に全世界で展開して、実際の成果を上げなければならなかった。しかもその数は半端なものではなく、毎年四〇〇名、四年間で一、六〇〇名を確実にやり切らなければならなかった。さらに、大学の知名度は事実上ゼロからのスタートであった。代理業者に頼んで中国から一括で募集したらどうか、いやそれしかないと、したり顔に荒っぽい助言をする人もいた。

しかし私たち立命館関係者は、律儀だった。私たちは初めから、国際学生を一番受入れやすい中国、韓国、台湾からの大量の募集で切り抜けようとは考えなかった。困難でもアジア全域、さらに可能な限り全世界から国際学生を受入れようと考えた。これがＡＰＵ創設を応援してくれている、経済界はじめ、社会の多くの人々の期待であることを肌で感じていた。この姿勢は、もちろん今も変わらない。

これを実現するための特別の秘策などなかった。それは足で稼ぐしかなかった。私たち立命館の教職員は、文字通り教員と職員がチームを組んで、アジアを中心に世界二〇カ国・地域に入り、各地の高等学校や教育行政機関でAPUをアピールし、学生派遣の交渉を展開した。

このような海外での学生募集活動を指揮するAPU創設の現場の責任者として、私は、当時「一村一品」運動を海外で積極的にアピールし、「アジア九州地域交流サミット」などの地方自治体外交を展開していた平松氏から大きな刺激と励ましを受けた。

しかしそれは、観念的な励ましではなかった。平松氏は私を海外のさまざまな外交の場に同行し、APUをアピールするための機会を用意してくれた。このことによって、私は、ゼロからであればとてもすぐには接することのできない海外の各界のトップの方々にAPU創設をアピールし、賛同と協力をうることができた。この点での、平松氏の貢献は計り知れないものがある。

また、このような活動のなかで、私は、平松流のマーケティングを実践的に学んだ。学んだことは、単純である。機会があれば、どんな機会でも逃さず、「がめつく」アピールするということである（もとより、その場、その場の礼儀を失してはいけないが）。私は、平松氏から、何よりも、アピールする「執念」といったものを学んだような気がする。私自身は、研究上経営学を専門の一つとしてきたつもりであったが、そのころから、一般に流布しているマーケティングの理論に、実践的な距離を強く感ずるようになった。

4　大分県「一村一品」運動の新展開

(1)「一村一品」運動のグローバル化とAPU

大分県の「一村一品」運動はいま、新しい展開の時代を迎えている。その第一は、「一村一品」運動がグローバル化の新局面を迎えていることである。平松氏は知事時代から「一村一品」運動を国内でアピールするだけでなく、海外にも広くアピールしてきた。そのために地方自治体外交を積極的に展開し、その一つの結節点ともいうべきものとして、主としてアジア地域の地方自治体の首長、代表の参加する「アジア九州地域交流サミット」を主導し、知事在任中七回にわたって各地で開催してきた。

そのような努力の結果、「一村一品」運動は今日、アジアの各国・地域、さらにアフリカ諸国にまで拡がりをみせている。アジアではとくに、タイ、マレーシア、フィリピン、カンボジア、ラオス、中国、韓国、モンゴル、インドなどで拡がりをみせている。またアフリカではマラウイやチュニジアなどの国が大きな関心を示している。これらの国の地方自治体からは、いまも、大分県に「一村一品」運動視察団がひっきりなしに訪れている。

このような「一村一品」運動のグローバル展開を踏まえて、この間、「一村一品国際セミナー」が二回にわたって開催されている。二〇〇四年にはタイのチェンマイで、二〇〇五年には中国の西安で開催された。二〇〇六年は「一村一品」発祥の地・大分のＡＰＵキャンパスを主会場として開催された。

またこのような「一村一品」運動に対する国際的な関心の強まりを背景に、日本政府・経済産業省がアジア、アフリカの発展途上国支援の一環として、各国地域の「一村一品」運動を支援する方針を打ち出している。

発展途上諸国には、織物や工芸品、美術品などの領域で、隠れた、優れた産品、ユニークな産品が存在する。しかしそれらを商品として磨き上げ、販売していくノウハウをもっていない場合が多い。そこで、経済産業省が日本貿易振興機構(JETRO)と連携し、世界で経済発展が遅れている五〇の国を対象に、地域ごとに特色ある産品を育てる「一村一品」運動を支援しようというわけである。そのために、それらの国に技術者を派遣して埋もれた産品を輸出品に育てるノウハウを伝授したり、それらの産品を日本の空港などで展示し、商談会を開くなどの販売支援をすすめるという。

こうして、大分県発祥の「一村一品」運動が、いまや途上国の産業開発支援の手法としてグローバル化の道を歩み始めたのである。

このような「一村一品」運動のグローバル化にとって、地元大分・別府のＡＰＵは改めて大きな役割を果たしうる可能性がある。

すでに触れたように、ＡＰＵは、アジアはいうに及ばず世界七〇を超える国・地域から二、〇〇〇名を超える学生が学ぶ、わが国初めての本格的国際大学となっている。また教職員も二〇を超える国・地域の出身者から成っている。このような多文化・多国籍大学が「一村一品」運動発祥の地に存在し、実際に学生たちが日常生活のなかで「一村一品」運動に親しみ、さらにそれを大学の教材として学習し研究するということの意味は、きわめて大きい。まさに学生たちが、陽に陰に「一村一品」運動の伝道者として活躍してくれることが期待できるのである。またすでにAPUを巣立った卒業生たちは、さまざまな形でそのような役割を果たしてくれている。

このようにみると、「一村一品」運動の唱導者であり実践者である平松氏が知事時代、大分にAPUを招致したことの慧眼《けいがん》に改めて敬服の念を禁じえない。

(2)　大分県「一村一品」運動の新領域を求めて

大分県の「一村一品」運動そのものも、いま新展開の局面を迎えていると思われる。

私自身は大分県で生まれ育ったものではないし、現在は居住者でもない。そのような外部者が地域政策にあれこれ感想をのべるのは、いささか僭越《せんえつ》との思いもある。しかし、一九九五年以来APU創設に関わり、二〇〇〇～二〇〇三年の間APUの学長として大分県別府市の居住者であったものとして、最後に一言感想をのべるのをお許し願いたい。

これまで主として平松氏の知事時代の二四年間の成果として、「麦焼酎」、「関さば・関あじ」、「城下かれい」、「かぼす」、「ハウスみかん」、「しいたけ」など、大分ブランドの産品が全国的に大きく進出し、販売実績をいまも伸ばしつつある。これは、これまでわが国の地方物産が経験したことのない成功であった。また何よりも、この運動の推進を通して多くの地域人材が県下の市町村で育ったことは、大きな成果であった。

しかし、三〇〇を超える産品が当時県下五六の市町村からノミネートされたなかで、実際に全国に通用する「一村一品」ブランドとして確立できたものは限られている。また、そのようなブランド産品がこれからそれほど容易に生まれるものでもない。

そのようななかで、大分県の「一村一品」運動そのものをどのように新しいレベルに発展させるかは大きな課題である。

「一村一品」運動といってきたが、今次平成の市町村大合併で、大分県下も旧来の五六市町村は一八市町村（一四市・一三町・一村）に大幅に再編成された。行政区の再編は一つひとつの地域産品を育てる営みとはレベルが異なるとはいえるが、地域産品の特性をきめ細かく育てる営みを行政的に支援する体制という点では、状況がこれまでと異なってくることも事実であろう。

今一度、大分県の「一村一品」運動の成果を振り返ってみると、それは、上記のような個々の地域産品のレベルでの成果と同時に、それとは次元の異なる文化面、ソフト面での特異な成果をつくり出してきていることが注目される。

その代表的なものは、温泉観光町「由布院」ブランドの形成である。全国の温泉観光都市が大規模開発、大規模集客に走るなかで、湯布院町は自然のすばらしい景観と鄙びた田舎の雰囲気を守りつつ、個人客(「個客」)に焦点をおいた、いわば「癒し」の観光地の開発を成功させた。それはいま、大規模観光開発が落ち込むなかで、新しい観光開発モデルとして、全国から注目を浴びている。

また手前味噌になるが、APU創設も、先に触れたように、「一村一品」運動のなかでの大分県と別府市の成果であった。それは、大分県と別府市にとっては、全国的にも、世界的にも誇ってもらっていい成果であると、立命館は自負している。二、〇〇〇名を超える国際学生の集積をはじめ、APUはわが国初の本格的国際大学として、他の大学にはない多様な教育・研究・文化資源を蓄積しつつある。

サッカーJリーグチーム・大分トリニータの成功も注目すべきものである。Jリーグチームは、たしかに全国各地に多数存立しており、何も大分県だけのものではない。しかし、激しい競争のなかで、J1リーグに定着し、上位を窺うチームを、特別に大きな企業スポンサーなしで、地元の支援を基本に白紙から育成することは容易ではない。二〇〇二年ワールドカップの開催会場の一つを確保したことと合わせて、大分トリニータが大分県に新しいスポーツ文化を定着させたことの意義は大きい。

こうして、この間、大分県「一村一品」運動は、文字通りの「一村一品」としての地域産品のレベルを超えて、新しい文化モデルとそのソフトを全国に、あるいは世界に発信し続けている。

私は、この経験こそ、大分県が「一村一品」運動の新展開の方向として大切にしなければならない教訓であり、資源である思う。

このなかで、とくに大分県は観光開発のための豊かな資源を有していることに私は着目したい。大分県の観光開発では「由布院」の例がとりわけ語られるが、資源的にはもっと豊かなものを有している市町村がたくさんある。現在は一八の市町村に再編成されたが、それぞれが工夫次第で、「由布院」と並ぶ観光ブランドを開発できる可能性を秘めている。「一村一品」の展開として、「一村一観光」を一八市町村が競うという構図も考えられる。

もとより大分県下の各市町村が観光開発のために、それぞれこれまでさまざまな努力をすすめていることを私は知っている。そのなかからさらに、日田や臼杵、豊後高田、宇佐などで新しい観光開発モデルの可能性が生まれている。このような、それぞれ独自の観光開発モデルを県下一八の市町村が競うような状況を政策的に作り出すことによって、「観光文化立県」としての大分県をもっと大きくクローズアップさせてはどうであろうか。

大分県で最大の可能性を秘めているのは、ＡＰＵの立地する別府である。ここは、全国の大型温泉が湧出量減退で悩むなか、依然として全国最高の温泉湧出量を誇っている。さらにここは、多様で豊かな観光資源が存在している。

大学はそれ自体としては観光資源ではないが、ＡＰＵはわが国では他に類例をみない国際大学として活発な教育活動、研究活動、文化活動を展開している。とくに別府には、世界七〇を超える国・地域からのＡＰＵの国際学生二、二〇〇名が生活し、わが国のどの地域でもみられない国際交流活動を日常生活として実践している。このような国際化した大学の活動や学生たちの活動は、このまちの何物にも代えがたい資源である。

別府はすでに日本を代表する温泉観光都市として一世を風靡した歴史を有しているし、いまもその知名度を失っているわけではない。しかし、観光というものに対する人々の感覚が大きく変容し、また日本の一般市民の観光も大きく国際化し、観光地としては国際競争に曝《さら》されている。このような状況のなかで、残念ながら、伝統的な温泉観光都市・別府は、新しい状況に対応し切れていないというのが、私自身がしばらく生活したなかで率直に実感したことである。「由布院」へ行くのに、多くの人々は一度別府を経由するが、若者の観光客の多くは、別府を素通りして「由布院」に向かう。ここに、今日の別府のおかれた状況が端的に現れている。

このような状況のなかで、別府のホテル・旅館の経営者たちが、二〇〇一年、「別府八湯温泉泊覧会(ハットウ・オンパク)」を企画し、成功させていることは注目される。「オンパク」は温泉と健康をテーマに、年二回開催され、リピーターを中心にクラブ会員は四、〇〇〇名を数えるという。「催しで集めた顧客情報をマーケティングに活かし、地域ブランドを確立する」という地元経営者たちの意気込みは着実に成果を上げげつつある。そして、このような試みは、新たな発展の活路を模索する、全国の伝統的な温泉観光都市の関係者の注目を受けている(二〇〇六年一一月六日『日本経済新聞』)。

日本を代表する伝統的温泉観光都市・別府を世界に通用する、二一世紀型の新しい観光地域に再生するには何が必要か。これは、二一世紀の「一村一品」運動の代表的課題であると私はかねてから考えている。これに成功すれば、そのモデルはまた、日本の多くの伝統的な大型温泉観光都市再生の貴重なモデルとなるであろう。

むすびに

ＡＰＵは、大分県、別府市との破格の協力を得てできた大学である。このような経緯からも、ＡＰＵは地域との関係を最優先の課題として大学創りをしてきた。ＡＰＵ開設準備期に、地域の「まちづくり・ひとづくり・縁づくり」への貢献を掲げた「ＡＰＵの提案」を県民、市民に提示したのは、立命館とＡＰＵのそのような決意を社会的に表現したものであった。

開設後は、大分県、別府市の地域振興に具体的に貢献することを自らの課題として位置づけて、独自の教育研究の面でも、地域交流の面でも、さまざまな活動をすすめてきた。とくに観光文化に関する教育と研究、県下の観光振興への協力は最重要の課題である。また「一村一品」運動の研究成果の蓄積と教育、その新展開への協力、支援は、ＡＰＵにとっての重要な課題である。

今は、私自身はＡＰＵを離れているが、立命館としての以上のようなミッションは不変である。

※平松守彦氏は、自身の提唱にもとづく大分県「一村一品」運動の成果を理論的、実証的に学術論文にまとめられ、この学術的成果に対して二〇〇六年三月、立命館大学より博士（政策科学）の学位が授与された。学位請求論文の

内容は、平松守彦(二〇〇六)に収録されている。

※本章は、立命館大学政策科学会『政策科学』第一四巻第三号、二〇〇七年三月、に掲載された同名論文を増補改訂したものである。

参考文献

平松守彦(一九八二)『一村一品のすすめ』ぎょうせい
平松守彦(一九九〇)『地方からの発想』岩波新書
平松守彦(一九九三)『一身にして二生』新潮社
平松守彦(二〇〇二)『地方からの変革』角川書店
平松守彦(二〇〇四)『平松守彦の地域自立戦略』毎日新聞社
平松守彦(二〇〇五)『二一世紀の地域リーダーへ』東洋経済新報社
平松守彦(二〇〇六)『地方自立への政策と戦略』東洋経済新報社
井草邦雄(二〇〇四)「アジア・アフリカの地域産業おこし政策と『一村一品運動』——大分モデルのアジア・アフリカへの適応性」『国際公共経済学会年報』第一五号
井草邦雄(二〇〇五)、The 'One Village One Product' Model of Regional Industrial Revitalization and Its Applicability to Asia:『立命館経済学』第五四巻第三号、二〇〇五年九月
木谷文弘(二〇〇四)『由布院の小さな奇跡』新潮新書
平林千春(二〇〇五)『奇跡のブランド「いいちこ」——パワーブランドの本質』ダイヤモンド社
松井和久・山神進編(二〇〇六)『一村一品運動と開発途上国——日本の地域振興はどう伝えられたか』アジア経済研究所

溝口薫平（二〇〇五）『由布院の空の下で――小さなお宿の小さなしあわせ物語』（木谷文弘氏と共著）ネキスト
中谷健太郎（一九九五）『湯布院幻灯譜』海鳥社
中谷健太郎（二〇〇六）『湯布院に吹く風』岩波書店
西　太一郎・本山友彦（二〇〇六）『グッド・スピリッツ――「いいちこ」と歩む』西日本新聞社
大分県一村一品二一推進協議会（二〇〇一）『一村一品運動二〇年の記録』
大分県一村一品国際交流推進協会（二〇〇六）『二〇〇六　一村一品国際セミナー in大分：論文集』
坂本和一（二〇〇三）『アジア太平洋次代の創造』法律文化社
坂本和一（二〇〇六）「立命館アジア太平洋大学（ＡＰＵ）創設を振り返って――開設準備期を中心に」『立命館百年史紀要』第一四号

第VI章

「逆転の発想」がイノベーションを生む

──「トヨタ生産方式」から学ぶ──

「トヨタ生産方式」のシンボル、「かんばん」の一例(日刊工業新聞社刊『トヨタ生産方式の本』2004年、139ページより)

はじめに

私自身が創設の現場の責任者を務めた立命館アジア太平洋大学APUは、二〇〇〇年四月開学後七年を経過したが、わが国初の本格的国際大学と自負できるこの大学は、今日までのところ順調に発展軌道をすすんでいる。

すでに触れたが、わが国ではめずらしい、この国際大学の真髄は、「国際学生受入れを牽引力」として大学が創られており、それが創り出すマルチカルチュラルなキャンパス環境のなかで日本学生(国内学生)に対する国際化教育が推進されていることである。当初構想で打ち出した「国際学生五〇％・国内学生五〇％」という学生構成のあり様は、まさにそのことのシンボルであった(現時点では、日本学生が増え、国際学生比率は四〇％程度を推移している。ただし、国際学生の実数は当初予定の一、六〇〇名を大幅に超え、二、〇〇〇名を超えている)。

この大学は、日本学生と並んで国際学生の受入れを大学構築の基軸におき、これを牽引力として大学が創られているという点で、これまでのわが国の大学創りの常識を覆す「逆転の発想」を実現したものである。またそれゆえに、この大学は、現在のところわが国でまさに「オンリー・ワン」の大学である。なぜなら、ＡＰＵ以外のわが国の大学は、この間各大学とも国際学生を増加させてきているが、国際学生の受入れをＡＰＵのように、日本学生と並ぶ基軸において創られている大学は、残念ながらまだ他に一つも存在していないからである。大学によって国際学生数の多寡はあるが、いずれにしてもこれまでのわが国の大学は、基本的に日本学生によって構成される大学であり、そこに国際学生が受け入れられているという事に止まっている。

ところで、このような「国際学生受入れを牽引力に」という大学創りの発想の逆転は、私自身の研究とどのように関わっていたのであろうか。ＡＰＵの創設について語ることはこれまでいろいろな機会にあったが、実は、私はこの点を表に出して語ったことがない。思い返してみると、それは「論理」の世界のことではなく、多分に「直感」の世界のことだったからであろう。

結論的にいえば、「国際学生受入れを牽引力に」という大学創りの発想の逆転へのこだわりは、研究レベルでの問題意識からすれば、私自身の「トヨタ生産方式」への関心と大きな接点をもっている。

私の研究史を振り返ってみると、研究の関心は、一九六〇年代後半から七〇年代を通して企業の「生産システムの革新」にあった。この研究過程で、『現代巨大企業の生産過程』（一九七四年、有斐閣）、『現代資本主義の生産様式』（一九七六年、青木書店）、『現代巨大企業と独占』（一九七八年、青木書店）などの著作を世に問うた。その際具体的な研究対象としたのは、とりわけ鉄鋼業と自動車産業の生産システムであったが、これらの研究をまとめる過程で、私は当時高度経済成長下のわが国の新しい産業発展を象徴する数多くの臨海鉄鋼コンビナートや新設の乗用車専用工場を実地見聞した。その一つには、当然のこととしてわが国最初の乗用車専用工場であるトヨタ自動車の元町工場もあった。元町工場は近年まで学生の勉学のために何回となく見学させていただいたが、私が当工場を最初に見学したのは、私自身が学生だった、一九六〇年夏のことである。それは、元町工場が立ち上がった直後のことであった。

この、私にとって最初の元町工場見学は、合衆国フォード・モーターに発祥するという流れ作業システム、いわゆる「フォード・システム」なるものを目の当たりにした最初の体験であった。このトヨタ・元町工場の見学のあと、所属していたゼミナールで、流れ作業の元祖である「フォード・システム」そのものの始まりを勉強してみようということになり、一九一〇年代、有名なT型車の専用組立工場として立ち上がったフォードのハイランドパーク工場を紹介した*Ford Methods and Ford Shops*(1915)という本や、*Industrial Management*という雑誌に載った、リバールージュ工場の紹介記事(一九二二〜二三年)を見つけて、翻訳して輪読するということも経験した。

このようなことがあって、私は、合衆国フォード・モーターとトヨタ自動車両者の生産システム、「フォード・システム」と「トヨタ生産方式」の間の継承関係、発展関係を考えることになった。そして、自動車生産システムの元祖である「フォード・システム」と現代の「トヨタ生産方式」を比べたとき、同じ流れ作業システムであるのに、わが国のトヨタ自動車が生み出した「トヨタ生産方式」には、「フォード・システム」に対して決定的な発想の逆転がもち込まれていることに驚き、そのような「逆転の発想」の由来に大きな関心をもつことになった。

このことは、「フォード・システム」による「少種・見込み生産」型に対して、「多種・注文生産」型という、「トヨタ生産方式」を特徴づける大量生産の新しいコンセプトを提起することに繋がった（前掲拙著『現代巨大企業と独占』第Ⅱ章）。

以後、私の研究上の関心そのものは、企業の「経営戦略」の方向に移行したが、この「トヨタ生産方式」の研究に際して経験した「逆転の発想」のもつ創造力のインパクトは、頭のなかに強烈に残った。

このことが、ＡＰＵ創設の仕事のなかで、今度は現実的なイノベーション推進の心的エネルギーとして作用することになったということである。

1　「トヨタ生産方式」の要諦とその開発

(1)　「トヨタ生産方式」の要諦と「逆転の発想」

「トヨタ生産方式」は、巷間広く流布しているように、「ジャスト・イン・タイム」と「自働化」という二つの柱で成り立っている。

さらにその要である「ジャスト・イン・タイム」はそれを現実化するために、具体的に「生産の平準化」「生産の小ロット化」「段取り替え時間の短縮」といった条件の実現を必要としている。

結論的にいえば、これら二つの柱、さらに「ジャスト・イン・タイム」実現の諸条件のそれぞれが「逆転の発想」に支えられている。

「ジャスト・イン・タイム」

「ジャスト・イン・タイム」とは、たとえば自動車を流れ作業で組み立てていく場合、組みつけに必要な部品が、必要なタイミングで、必要な量だけ、それぞれの工程に供給されるようになっていることである。このような状態が徹底すれば、工程の各段階に在庫ゼロの状態が創り出され、コスト的にも、物理(在庫スペース)的にも経営効率に大きな貢献を果たすことになる。

しかし、自動車のように何万もの部品で成り立っている製品にあっては、それらの部品の製造と最終組立ラインを生産計画によって上のように同期化することは、至難の業である。生産現場では、さまざまな要因によって生産計画の変更は常態であり、各行程がそのようなトラブルに備えて絶えず一定量の在庫をもとうとすれば、その量と必要なスペースは膨大なものになる。

初期のフォード・システムのように、単一種の自動車の組み立ての場合には、部品も単一種であるから、まだ生産計画は単純であり、また一定の在庫をもってもその量は限られている。しかし、現代のように同一銘柄でも、注文により多様な品種の車両が組み上げられなければならない場合には、各工程ごとに多種類の組みつけ部品が必要であり、それらの多様な部品の製造と最終組立ラインを生産計画的にあらかじめ同期化を図ることはほとんど不可能に近い。また各工程があらかじめバッファとして一定量の在庫をもとうとすれば、その量は前者に比べてさらに何倍も膨大なものになる。

このような状況のなかで、実際に「ジャスト・イン・タイム」を実現しようとすればどうしたらよいか。

ここでトヨタ自動車が採用したのは、「生産計画を各工程に指示する」、「前工程が後工程へ部品を供給する」という、これまで常識であった生産管理の考え方をやめ、「生産計画は最終工程(実際には、最終組立ライン)だけに指示する」という、発想の転換であった。それは必然的に、これまでとは逆に、

「後工程が前工程に、必要なものを、必要なときに、必要なだけ、引き取りにいく」、「前工程は後工程に引き取られた分だけ作ればよい」という発想を導くことになった。

ところで、このシステムを動かしていく場合、実際には前工程に「なにを、どれだけ」欲しいかを順次具体的に伝達する手段が必要となる。このような手段として工夫されたのが、いわゆる「かんばん」である。何か最新の情報システムを駆使するといったことではなく、部品名、単位数量、出所、行き先、などを明示した素朴なビニール・パック入りの「かんばん」が部品入れのトレイに付いて回ることによって、後工程から前工程に「なにが、どれだけ」必要なのかを機敏に、きめ細かく伝達するという手法が開発された。

「かんばん」は具体的に分かりやすいものなので、「トヨタ生産方式」はよく「かんばん方式」といわれることがある。しかし、留意しなければならないのは、このように「かんばん」はあくまでも、「ジャスト・イン・タイム」を実現するための情報伝達手段であることである。

いずれにしても、こうした「逆転の発想」の発想によって、トヨタ自動車は先駆的に「ジャスト・イン・タイム」の生産方式を夢から現実のものにすることに成功した。一九六〇年代、日本もいよいよモータリゼーションの時代を迎えるころのことであった。

「生産の平準化」「生産の小ロット化」、そして「段取り替え時間の短縮化」

しかし、「ジャスト・イン・タイム」を現実のものとするには、具体的にいくつかの課題を克服していく必要があった。

その最大の問題は、「後工程が前工程に引き取りにいく」という原則を貫こうとすると、前工程はあらかじめ後工程からの引取り計画がわからないので、後工程からの部品の引取りの波によって前工程の生産が混乱する危険をはらむということである。

これを避けるためには、最終ラインでの生産の平準化、つまりある種類の製品をまとめて流すのではなく、多種類の製品を混合して流すようにし(「混流生産」)、それに従って、多様な部品の「生産の平準化」、「平準化生産」を実現することが必要であった。

しかし、これには、一つの種類の部品をまとめて生産する、「大ロット生産」のメリットを否定しなければならないというジレンマが立ちはだかる。しかし、「生産の小ロット化」を図り、これによっても採算のとれる体質を作り上げなければ、「ジャスト・イン・タイム」のスムーズな運用は困難である。

トヨタは、「逆転の発想」で成り立つ「ジャスト・イン・タイム」を実現するために、さらに「生産の小ロット化」による「平準化生産」の実現という、もう一つの「逆転の発想」に挑むことになった。

この際、最大の現実的な課題は部品生産における機械の「段取り替え時間の短縮化」であった。ロットを小さくするということは、めまぐるしく変わる部品の種類に応じて機械の条件設定、プレス作業でいえば金型を頻繁に変更することを求められることを意味している。これを部品生産の基礎に受け入れようとすれば、条件設定の変更、つまり「段取り替え時間の短縮化」をいかに図れるかが鍵となってくる。

トヨタでは、たとえばプレスの段取り替えに、一九五〇年代には二時間、三時間を要していたが、その短縮化に徹底した取組みをすすめた結果、これが一〇年後には一時間を割り込み、一九七〇年代を迎えるころにはわずか三分にまで短縮したといわれている。

「トヨタ生産方式」の要である「ジャスト・イン・タイム」は、このような、やはり「逆転の発想」を体現する諸条件を実現することで現実のものとなる。「ジャスト・イン・タイム」を象徴する「かんばん方式」がトヨタ自動車全社で採用されるようになるのは、その端緒の取組みから数えて一〇年が経過した一九六二年のことである。それを踏まえて一九六五年からは外注部品の納入にも全面的に採用されることになった。

「自働化」

「トヨタ生産方式」を支えるもう一つの柱は、「自働化」である。これは、いわゆる「自動化」と混同してはならない。ニンベンの付いた「自働化」であるところがミソである。

一般に機械は、その発達と共に「自動化」の度合いを高めていく。いったん動き出した機械は、人手を加えなくても、自動的に作業を繰り返し、連続的に製品を作り出していく。

しかし、機械は万能ではない。精密な機能をもつ機械であればあるほど、微妙な狂いの生ずる可能性も高くなる。また機械の働きが万全であっても、加工している素材にさまざまな想定外のことが生ずる可能性を排除することができない。

このような状況のなかで、自動化した機械を信じ切ってこれに生産を委ねた場合、いったん異常が生じたら不良品を大量生産してしまうことになりかねない。これは、自動化のすすんだ機械を使う生産現場では往々にして起こっていることである。このような無駄は何としても避けなければならない。

「トヨタ生産方式」は、ここでも発想の逆転を行った。

もとより私たちが機械を採用する第一の動機は、生産過程で人手を省くことである。したがって、機械の自動化が進めばすすむほど、生産に人手をかけないことが常識であり、またそうなることが理想である。

しかし、「トヨタ生産方式」では、機械の自動化がいかに進んでも、生産過程では想定外のさまざまな事態が起こり、これが大きな無駄を作り出すことが往々にしてあるという現実を重視する。いかに自動化がすすんでいても、不良品をつくり出す無駄を回避するために、機械の異変や仕掛品の異常が発見されたら、作業者自身がストップボタンを押して、機械やラインを止めるようにする。機械やラインの停止による無駄よりも、不良品を大量につくり出す無駄の方がはるかに重大だからである。

これが、「トヨタ生産方式」が採用している、単なる「自動化」ではない、ニンベンのある「自働化」といわれるものである。

ここには、「自動化はできるだけ人手を省くものである」という常識を覆す、「逆転の発想」が現実化している。

(2)「トヨタ生産方式」の開発

このような「トヨタ生産方式」が社会の注目を浴びるようになるのは、一九七三年秋、当時世界経済の転換点となったオイルショック到来がきっかけであった。その後の低成長経済のなかで、トヨタ自動車の経営が順調で、不況に対する強い抵抗力を備えていると見えたことから、その独特の生産方式、「トヨタ生産方式」に国内外の注目が集まることになった。

しかし、このような「トヨタ生産方式」構築に向けての取組みが始まったのは、戦後間もなくのことであった。一九五〇年ごろはまだ、日本での自動車の市場は細々としたスタートを切ったところで、それが今日に至るような拡大を遂げるとはとても予測できない状況にあった。

現代の自動車生産方式は二〇世紀初め、周知のように合衆国のフォード・モーターで開発された、いわゆる「フォード・システム」を始まりとしている。この「フォード・システム」は、「少種・大量生産」によって製造原価を大幅に低下させ、それによって同時に市場の拡大を連動させるという発想のもとで構築された。それは合衆国では有効に機能し、自動車の低価格化と市場拡大を理想的に実現した。

しかし、戦後まもなくの日本の社会状況から、「フォード・システム」をそのまま日本にもち込むことは不可能にみえた。何よりも当時、日本では、自動車市場の開拓状況からみて、少種で大量の自動車生産を実現する見通しはとても立ちにくかったからである。当時の日本の市場状況から、「多種・少量生産」で、どうしたら原価を下げることができるか、その方法を構築することが日本の自動車企業の課題であった。トヨタ自動車の挑戦の原点もここにあった。

トヨタ自動車で当時この難題の解決の先頭に立ったのは、一九四九年機械工場長に就任した大野耐一氏であった。

大野氏の述懐によれば、「トヨタ生産方式」開発の指針となったのは、トヨタ自動車工業初代社長豊田喜一郎氏がもらしたといわれる、つぎのような言葉であったという。

「自動車産業のような総合工業では、自動車の組立作業にとって、各部品がジャスト・イン・タイムにラインの側にあつまるのがいちばんよい。」〔大野耐一（一九七八）、一三七ページ〕

ここには、すでに明確に、「必要な部品が、必要なときに、必要なだけ」生産ラインのすべての脇に到着する、「ジャスト・イン・タイム」のイメージが打ち出されている。問題はこれをいかにして現実のものとするか。これが、大野氏の格闘であった。

ちなみに、「トヨタ生産方式」のもう一つの柱である「自働化」についていえば、すでにトヨタのなかにこの発想を促してくれる先駆的な具体的成果があった。それは、トヨタの開祖、豊田佐吉が開発した「自働停止装置付の自働織機」であった。豊田佐吉の自働織機は、経糸が切れたり、横糸がなくなったりすると、即座に機械が自動的に停止するようになっていた。したがって、不良品が生産されることはないようになっていた。このような明瞭な実体の存在は、生産方式における「自働化」の発想を具体化するのに大いに役立った。

しかし、「ジャスト・イン・タイム」の発想についいては、身近にその具体化の手がかりがなく、その分難題であった。

「ジャスト・イン・タイム」現実化のヒントは、思わぬところにあった。それは、すでに合衆国で普及していたスーパーマーケットにあった。

「トヨタ生産方式」の産みの親、大野耐一氏〔若山滋(2005)、196ページより〕

スーパーマーケットが日本で本格的に普及するのは一九六〇年代に入ってからであるが、合衆国では戦前からの歴史があり、戦後まもなくに「アメリカ的生活様式」の一環として、情報としては日本にも伝えられていた。大野氏は機械工場の責任者として早くからこのスーパーマーケットの考え方が「ジャスト・イン・タイム」の具体化に結びつくものがあるのではないかという直感を持っていた。

大野氏は一九五六年にGMやフォードの実態調査のため渡米したが、このとき、合衆国で一番強い印象を受けたのは、スーパーマーケットの普及であった。そして、このスーパーマーケットの運営方式は、予想通り、「トヨタ生産方式」の柱である「ジャスト・イン・タイム」の現実化に大いに参考になることを悟った。この辺の状況を、大野氏自信の言葉で紹介すると、つぎのようである。

「スーパーマーケットから得られたヒントとは、スーパーマーケットを生産ラインにおける前工程とみてはどうかということであった。顧客である後工程は、必要な商品(部品)を、必要なときに、必要な量だけ、スーパーマーケットに当たる前工程へ買いに行く。前工程は、すぐに後工程が引き取っていった分を補充する。こうしてやっていくと、私どもの大目標である『ジャスト・イン・タイム』に接近していけるのではないかと考え、本社工場の機械工場内で昭和二八年から、実地に応用してみた。私が昭和三一年にアメリカに行ったときも、前々から格別の関心をいだいていたスーパーマーケットを目の当たりにして、わが意を得たりと思った次第である。」(大野耐一(一九七八)、五一ページ)

「スーパーマーケットというのは、顧客にとって、必要とする品物を、必要なときに、必要な量だけ入手できる店である」。「スーパーマーケットの側からすれば、顧客がいつ何を買いにきても良いように、品物をそろえておかなければならない」。この関係を生産現場に応用したらどうなるか。「スーパーマーケットを生産ラインにおける前工程とみてはどうか」。これが大野氏がスーパーマーケットの営業方式からえた新しい生産方式のヒントであった。これが、「ジャスト・イン・タイム」の現実化に結実していくことになったのである。

初めにのべたように、「トヨタ生産方式」、「ジャスト・イン・タイム」の取組みの発端は、すでに合衆国で普及していた「フォード・システム」を戦後まもなくの日本に持ち込むには日本の自動車市場はあまりにも未熟であり、日本の市場の現実に適合した生産方式の構築を求めたことであった。

「フォード・システム」は、合衆国の広大な自動車市場と高い国民の所得水準を前提として、少種・見込み型の大量生産を特徴としていた。それはいわば、「プロダクション・プッシュ型」の大量生産であった。しかし、当時の日本の市場条件では、それはそのままの立て方では実現不可能とみられた。

そこで、ある意味ではやむをえず、当時日本の市場に存在する自動車ニーズをきめ細かく吸収し、それを「フォード・システム」のエッセンスである流れ作業による大量生産方式と結合して実現しようとしたのが「トヨタ生産方式」であった。したがってそこには、時代は変わっても、きめ細かく消費者サイドのニーズを吸収するメカニズムが体質的にビルドインされている。それは、多種・注文型の大量生産を特徴としており、「フォード・システム」との対照でいえば、「マーケット・プル型」の大量生産といえるものである。

ところで、今日、先進国の自動車市場は成熟化と共に、急速にきめ細かな、多様なニーズの吸収を前提とした、「マーケット・プル型」の大量生産が求められてきている。このような状況のなかで、以上のようなトヨタが生み出し、日本の市場が育てた「トヨタ生産方式」、「ジャスト・イン・タイム」は、二一世紀型の自動車生産方式としてますます高い普遍性をもつものとなってきている。

そしてそれは、今日、自動車産業を超え、さらに製造業を超えて、「マーケット・プル型」を志向する様々な産業分野、組織分野に普遍性をもった活動システムとして浸透しつつある。

2　APUと「逆転の発想」
――「国際学生受入れを牽引力とする大学」を創造する

冒頭で触れたように、この「トヨタ生産方式」への私の研究上の関心は、私の関わった最大の大学改革事業、APUの創設への思いと、心のなかで接点をもっている。ただそれは、「論理」の世界のことではなく、多分に「直感」の世界のことだったこともあり、これまで明示的に表現することはしなかった。しかし、私の研究と、私の大学行政経験との関わりの歴史の一こまとして、今、やはりこの問題に触れておきたい気持がある。

ただ、この問題の結論は、単純である。私自身の研究活動の早い段階で具体的にその対象とした「トヨタ生産方式」の「逆転の発想」が、APU創設という仕事をすすめるうえで、現実的なイノベーション推進の心的なエネルギーとして大きく作用したということである。

(1)　APU構想

すでにみたように、APUは、これまでの日本の大学が試みたことのないキャンパス状況やシステムの採用を構想し、実現した。

第一に、それは、「学生の半数を外国からの国際学生で構成する」マルチカルチュラルなキャンパスの創出を図り、この国際化した環境のなかで全世界からの学生たちの国際交流と、日本学生の国際的対応能力の鍛錬をすすめようとした。

第二に、このようなマルチカルチュラルなキャンパス環境での教育を運営するために、英語・日本語二言語による教育システムを導入した。とくに、一、二回生では、全科目を英語と日本語による二トラックの時間割を編成し、入学時には日本語が未熟でも英語が運用できれば学習開始が可能な教育環境を整備した。これによって、これまで日本の大学が受入れを実現していないアジア地域の英語運用能力の高い海外留学希望層やアジア以外の広範な地域からの国際学生の受入れに成功した。

第三に、このようなマルチカルチュラルなキャンパス環境と教育システムを実質的なものとするために、とくに教員スタッフについてはその半数が外国出身のとなるような編成を実現した。また日本人職員スタッフは原則としてバイリンガルを条件として採用した。

このような、これまで日本の大学が試みたことのないＡＰＵの取組みを立命館や私に進めさせたものは、わが国で本格的な国際大学を創りたい、創らねばならないという、強い意欲であり、さらに使命感のようなものであった。

それを支えたのは、二つの課題認識であった。

第一は、いま日本の大学の国際的な貢献として、アジア太平洋地域の人材養成拠点を構築する課題に直面しているという認識である。

その背景にあるのは、地球社会は二一世紀と共に、「アジア太平洋の時代」を迎えるであろうという時代認識である。二一世紀が、これまで私たちが経験しているレベルをはるかに超える国際化、グローバル化の時代となるであろうということは、多くに人々の共通認識となっていた。しかし、この時代は同時に、世界の人口の六〇％が住むアジア太平洋地域の発展が地球的、人類的なさまざまな課題の解決を牽引する、いわゆる「アジア太平洋の時代」を迎えるであろうということである。またそのような時代をアジア太平洋地域の人々の努力と英知と協力で創造していくことが、いまこの地域の人々に課せられているということである。

そして、このような新しい時代を創造していくために求められるものは、それに相応しい新しいタイプの国際人材であり、そのような課題に積極的に貢献することが、いま日本の高等教育機関に求められているというのが、私たち立命館関係者の使命感であった。

このような使命感に立って、立命館はＡＰＵという、わが国ではこれまで試みたことのない、本格的は国際大学の創設に乗り出した。

ＡＰＵ創設の第二の課題認識は、日本の大学の遅れている国際化を抜本的に打破するために、本格的な「国際スタンダード」の大学を創設する必要があるという認識である。

日本の大学をめぐる国際環境をみると、一九八〇年代以来、大学間の激しい国際競争は常識であった。とくにアジア地域では高校生の大学選びの国際化が常識化し、各国、各地域の大学と米・欧の大学がかれらの厳しい選択の目にさらされるなかで、各大学はその教育研究水準や特徴、個性を競ってきた。しかし、日本の大学は、海外からの国際学生の受入れを希望しながらも、残念ながら、自らをこのような国際競争の渦中におき、国際通用力のある大学づくりを正面から大学改革の課題にすえるという試みはみられなかった。

もとより、日本の大学が国際化の努力を避けてきたということをいおうとしているのではない。この間、日本の大学はさまざまな国際化の努力をすすめてきている。しかしその際、大きな努力を払ってきたのは、学生の海外への送り出し、いわば「出かけていく国際化」であった。具体的には海外留学や海外研修である。このタイプの国際化はそれとしては重要な課題である。しかし、これはどうしても一部の条件の整った学生だけが享受できる国際化に止まらざるをえないものである。

これに対して、いまもっと積極化を求められているのは、逆に「迎え入れる国際化」である。これによって、日本の大学のキャンパス環境そのものが国際的なものになり、そのような環境のなかで日常の教育と研究が行われるようになることが、国際化の課題として求められているのである。

しかし、このような「迎え入れる国際化」は、実は口でいうほど簡単ではない。このような国際化を推進していくには、まず日本の大学の教育、研究の仕組みが国際的に通用力をもち、国際的に信頼されるものとならなければならない。それなしには、どれだけ掛け声をかけても、海外から優れた学生や研究者が日本の大学に来てくれないからである。

このためには、いずれにしても日本の大学は「国際スタンダード」の教育システム、研究システムを装備したものとならなければならない。これをいかに創出するか。一つは、既存のシステムを抜本的に改革することである。しかし、現存のシステムをこのように改革することは、大きなエネルギーを要することである。

一つ使用言語の問題を取り上げてみても、これがいかに重たい課題であるかは、容易に推測できる。現在日本の大学では周知のように基本的に日本語によって教育がなされている。近年、各大学で英語による授業が徐々に増えてきているが、カリキュラム体系全体に一貫した英語による授業を導入しようとしたとき、それがどれだけのエネルギーを要することかは、想像に難くない。

このような現在の日本の大学の状況のなかで、もう一つの選択肢は、「国際スタンダード」に沿うような大学を創設することである。APUはまさにこのような考えで創設された。その特徴はすでに具体的に説明した通りである。それは、まだまだ未熟なところをもっているが、日本の大学としては、例のない国際性の高い大学となっている。

(2)「逆転の発想」
――「国際学生受入れを牽引力とする大学」の創設

APUはその国際学生受入れの状況から理解されるように、当初より、国際学生を日本学生と並ぶ学生構成の基軸の一つとし、「国際学生受入れを牽引力とする」国際大学として構想され、実現された。ここには、すでにあきらかなように、これまでの日本の大学における国際学生受入れの常識を大きく覆す発想、いわば「逆転の発想」が取り入れられている。

わが国の大学は、この間各大学とも国際学生を増加させてきている。しかし、国際学生の受入れをAPUのように、日本学生と並ぶ大学創りの基軸におき、この国際学生を牽引力として創られている大学は、残念ながらまだ他に一つも存在していない。大学によって国際学生数の多寡はあるが、いずれにしてもこれまでのわが国の大学は、基本的に日本学生によって構成される大学であり、そこに国際学生が受入れられているということに止まっている。

このようななかにあって、むしろ「国際学生受入れを牽引力とする」というAPU創設の発想は、きわめて異色のものであり、あきらかに日本における大学づくりの常識を覆し、逆転させたものである。

私たち立命館関係者にこのような「逆転の発想」をさせた社会的、歴史的な背景は、すでに触れたが、これに関わった私の思いには、さらに私自身の研究上の経験が絡んでいる。それは、私の研究史の初期の段階に経験した「トヨタ生産方式」の研究である。

「トヨタ生産方式」は、合衆国発祥の「フォード・システム」を基礎におきながらも、戦後日本の社会状況に即応して、後者の特質である少種・見込み型の大量生産、「プロダクション・プッシュ型」の大量生産を、多種・注文型の大量生産、「マーケット・プル型」の大量生産に転換することに成功した。ここには、具体的に、「後工程が前工程に引き取りにいく」「生産の平準化」「生産の小ロット化」「段取り替え時間の短縮」「自働化」など、これまで大量生産の常識とされたことをすべて「逆転」する発想が導入されている。

このような「トヨタ生産方式」における「逆転の発想」は、以後、私の心に大きく残るものとなった。いろいろな物事を考えるとき、従来の発想を逆転させたらどうなるか、ということが私の大切な発想回路となった。

ＡＰＵ創設の課題に直面して、この研究上の「逆転の発想」の経験が、現実的なイノベーションを進める私の心的なエネルギーとして、大きく作用したのである。

参考文献

Arnold, H. L. and Faurote, F. L. (1915), *Ford Methods and Ford Shops*

Van Deventer, J.H. (1922・23), Ford Principles and Practice of River Rouge, I-IX, *Industrial Management*, Sept. 1922-June 1923.

日野三十四(二〇〇二)『トヨタ――経営システムの研究』ダイヤモンド社

門田安弘(一九八五)『トヨタシステム』講談社

野口　恒(一九八八)『トヨタ生産方を創った男――大野耐一の闘い』ＴＢＳブリタニカ

大野耐一(一九七八)『トヨタ生産方式――脱規模の経営をめざして』ダイヤモンド社

坂本和一(二〇〇三)『アジア太平洋時代の創造』法律文化社

坂本和一(二〇〇六)「立命館アジア太平洋大学(ＡＰＵ)創設を振り返って――開設準備期を中心に」『立命館百年史紀要』第一四号

トヨタ自動車株式会社(一九八七)『創造限りなく(トヨタ自動車五〇年史)』

トヨタ自動車工業株式会社(一九七三)『原価低減のためのトヨタ生産方式』(非売品)

トヨタ自動車工業株式会社(一九七八)『文明にとって車とは――トヨタのあゆみ(創立四〇周年記念出版)』

若山　滋（二〇〇五）『大野耐一・工人たちの武士道』日本経済新聞社
和田一夫・由井常彦（二〇〇二）『豊田喜一郎伝』名古屋大学出版会

著者紹介

坂本　和一(さかもと　かずいち)　立命館大学経済学部教授・経済学博士(1975年)

□略　歴
1939年　　石川県に生まれる
1963年３月　京都大学経済学部卒業
1968年３月　京都大学大学院経済学研究科博士課程単位取得
1968年４月　立命館大学経済学部に奉職、現在に至る
この間、1979年7月　ハーバード大学フェアバンク東アジア研究センターおよびニューヨーク大学経済学部で客員研究員(～1980年9月)
1988年４月　立命館大学教学部長(～1991年3月)
1994年４月　学校法人立命館副総長・立命館大学副学長
2000年１月　学校法人立命館副総長・立命館アジア太平洋大学学長
2004年４月　学校法人立命館副総長・立命館大学副学長(～2004年3月)
現在、立命館大学大学評価委員会委員長・大学評価室長、立命館百年史編纂室長

□主要著書
『現代巨大企業の生産過程』有斐閣、1974年(博士学位論文)
『IBM－事業展開と組織改革』ミネルヴァ書房、1985年(第2回テレコム社会科学賞授賞)
『GEの組織革新』法律文化社、1989年(新版1997年)
『21世紀システム――資本主義の新段階』東洋経済新報社、1991年
『コンピュータ産業――ガリヴァ支配の終焉』有斐閣、1992年
『新しい企業組織モデルを求めて』晃洋書房、1994年
『アジア太平洋時代の創造』法律文化社、2003年
The Challenges facing Ritsumeikan Asia Pacific University, Daichi-sha, 2004
『鉄はいかにしてつくられてきたか――八幡製鐵所の技術と組織：1901-1970年』法律文化社、2005年

大学のイノベーション　　＊定価・本体価格はカバーに表示してあります。

2007年 5月 31日　　初　版第 1刷発行　　〔検印省略〕

著　者©坂本和一　　発 行 者　下田勝司　　印刷・製本／中央精版印刷

東京都文京区向丘1-20-6　　郵便振替00110-6-37828
〒113-0023　TEL(03)3818-5521　FAX(03)3818-5514
発行所 株式会社 東信堂

published by **TOSHINDO PUBLISHING CO., LTD.**
1-20-6, Mukougaoka, Bunkyo-ku, Tokyo, 113-0023, Japan
E-mail: tk203444@fsinet.or.jp

ISBN978-4-88713-740-0 C 3034

比較教育学―越境のレッスン　馬越徹　三六〇〇円

比較・国際教育学（補正版）　石附実編　三五〇〇円

教育における比較と旅　石附実　二〇〇〇円

比較教育学―伝統・挑戦・新しいパラダイムを求めて　J・シュリーバー編著　馬越徹・今井重孝監訳　二八〇〇円

比較教育学の理論と方法　M・ブレイ編著　馬越徹・大塚豊監訳　三八〇〇円

世界の外国人学校　福田誠治　末藤美津子　編著　三八〇〇円

世界の外国語教育政策：日本の外国語教育の再構築にむけて　大谷泰照　林桂子　他編著　六五七一円

近代日本の英語科教育史―職業諸学校による英語教育の大衆化過程　江利川春雄　三八〇〇円

日本の教育経験―途上国の教育開発を考える　国際協力機構編著　二八〇〇円

アメリカの才能教育―多様なニーズに応える特別支援　松村暢隆　二五〇〇円

アメリカのバイリンガル教育―新しい社会の構築をめざして　末藤美津子　三二〇〇円

多様社会カナダの「国語」教育（カナダの教育3）　関口礼子　浪田克之介　編著　三八〇〇円

ドイツの教育のすべて　マックス・プランク教育研究所研究者グループ編　天野・木戸・長島監訳　一〇〇〇〇円

市民性教育の研究―日本とタイの比較　平田利文編著　四二〇〇円

マレーシアにおける国際教育関係―教育へのグローバル・インパクト　杉本均　五七〇〇円

中国大学入試研究―変貌する国家の人材選抜　大塚豊　三六〇〇円

大学財政―世界の経験と中国の選択　呂煒著　成瀬龍夫監訳　三四〇〇円

中国の民営高等教育機関―社会ニーズとの対応　鮑威　四六〇〇円

「改革・開放」下中国教育の動態―江蘇省の場合を中心に　阿部洋編著　五四〇〇円

中国の職業教育拡大政策―背景・実現過程・帰結　劉文君　五〇四八円

中国の後期中等教育の拡大と経済発展パターン―江蘇省と広東省の比較　呉琦来　三八二七円

陶行知の芸術教育論―生活教育と芸術との結合　李燕　三六〇〇円

東南アジア諸国の国民統合と教育―多民族社会における葛藤　村田翼夫編著　四四〇〇円

オーストラリア・ニュージーランドの教育　石附実　笹森健　編著　二八〇〇円

〒113-0023　東京都文京区向丘 1-20-6　TEL 03-3818-5521　FAX03-3818-5514　振替 00110-6-37828
Email tk203444@fsinet.or.jp　URL:http://www.toshindo-pub.com/

※定価：表示価格（本体）＋税